환황해 협력 3

환황해
지역경제협력과 수산자원관리

양희철 편저

郭锐　孙天宇　禹颖子　朴文进　张建伟　李文淑　**공저**
毕相东　柳学周　田其云　杨大佐　金银焕

서 문

　반폐쇄해인 황해를 둘러싼 한국과 중국, 그리고 북한은 지역해 환경보전과 자원관리라는 강한 생존적 협력 수요에 직면해 있다. 그러나 동북아를 둘러싼 정치 및 군사안보, 지역패권 확보 등의 구조적 갈등 요소는 황해지역을 기반으로 하는 국가 간 협력을 어렵게 하는 요인으로 작용하고 있다. 물론 황해를 둘러싼 정치 구조적 장애요인도 있다. 한국과 북한의 장기적 갈등과 지역해 패권확보를 위한 강대국 간의 대립 역시 환황해의 안정적 협력 체계의 정착을 어렵게 한다.

　그러나 황해는 전통적으로 국가 간 협력보다 지역민의 교류와 생활공간으로 먼저 활용되었다. 국가경제와 정치적 이해가 협력과 갈등을 결정하는 우선적 조건으로 작용하는 긴장구도에도 불구하고, 여전히 황해는 '지역해 거주민의 생존권'을 중심으로 결정되어야 하는 이유이다. 따라서 역내의 높은 경제적 의존에도 불구하고 군사적 경쟁과 상호 위협은 높아가는 이른바 "Asia Paradox"라는 환경적 한계의 극복을 위해서도 새로운 조정력 혹은 협력체계의 정착이 필요한 때다.

　환황해 해양발전논단은 국가 간 협력의 즉각적 이행을 의도하지 않는다. 연구영역에서의 학술적 교류와 이해를 바탕으로 황해지역의 점진적 협력확대와 지속가능한 이용을 도모하는데 있다. 협력이 가능한 영역과 불가한 영역을 제한하지도 않을 것이다. 지역해 거주민의 생존권이 경성적 이슈(hard issue)와 연성적 이슈(soft issue)를 구분하며 다가오지는 않기 때문이다. 우리는 황해로 쏟아지는 행위가 주권(主權)의 모습이건, 혹은 국가별 핵심이익(核心利益)의 모습이건 모두 거주민의 생존권에 관한 문제라는 것과 국가 간 갈등의 모든 요소에는 반드시 학술적 영역을 매개로 하는 문제해결 방식이 분명히 존재한다는 것을 믿는다. 황해를 매개로 하는 모든 국가 정책 역시 타당하고 정당한 이유에 기반 한다는 것 역시 이해한다.

환황해 해양발전논단은 한국해양과학기술원 해양정책연구소(소장: 양희철)가 주최/주관하여 2016년 12월 12일 중국 청도에서 처음 개최되었다. 환황해 해양발전논단에서 참여자들은 연구성과의 우수성을 서로 공유하고, 국가 간 갈등 요소에 대하여는 바람직한 해결방향과 정책적 제언을 모색할 것이다. 해양환경, 해양자원(수산, 광물), 해양공간계획, 신재생에너지, 기후변화, 해양재난, 원자력안전, 해양질병 등 모든 영역에서 정보교류와 연구협력 기반을 구축할 것이며, 황해에서 전개되는 모든 국가정책과 인간활동에 대한 이해를 제고하려고 노력할 것이다. 국가별 해양수산 정책의 소개와 최근 영역별 연구 현황 및 문제점, 국가 간 우위에 있는 연구동향과 접근방법, 한계 등에 대한 자발적 협력은 환황해 해양발전논단을 더욱 지혜로운 플랫폼으로 확대하는 기반이 될 것이다. 환황해 해양발전논단에서는 특히 북한의 참여를 지속적으로 유도할 것이며, 해양수산 영역에서 북한의 제도적 관리체계 구축과 발전, 지역해 연구 정보와 기술적 성과 확산을 위해서도 노력할 것이다.

우리는 환황해 협력이 국가의 이익을 주제로 하는 거대한 담론이 아닌 황해를 터전으로 하는 지역민의 생존을 위한 협력으로 점진적 전환이 선행되어야 한다고 본다. 이를 위해 환황해 해양발전논단은 항상 열려있다. 국가기관, 연구기관, NGO, 학계 모두가 대상이다. 다만 주제는 각국의 이익을 위한 발제와 논의가 아닌 황해의 해양수산 지식을 공유하고 지속가능한 발전이 정착되는 지역해로 전환시키기 위한 협력이어야 한다.

환황해 해양발전논단은 황해를 매개로 하는 국가 간 교류와 신뢰의 한계를 타개하기 위하여 한국과 중국학자를 중심으로 추진되었다. 제1회 회의에서는 중국의 요녕성 해양수산과학연구원, 대련해양대학, 연변대학, 중국국가해양국 제1해양연구소, 중국수산과학원, 길림성 사회과학원, 중국해양대, 산동성 해양 및 어업청, 중국어업협회 등 약 23명이 참석하였으며, 한국에서는 한국해양과학기술원 해양정책연구소 8명의 전문가가 참여하였다.

2017년 개최된 제2회 논단에서는 중국의 요령성해양수산과학원, 대련해양대, 연변대, 중국국가해양국 제1해양연구소, 중국수산과학원, 길림성 사회과학원, 연길성 사회과학원, 길림대, 중국해양대, 샤먼대, 중국석유대, 청도대, 산동성 사회과학원 등 24명이 참석하였으며, 한국에서는 한국해양과학기술원 해양정책연구소 및 연안개발연구센터 등에서 9명이 참석하였다. 특히, 제2회 논단에서는 발표 영역과 참여범위(기관)가 제1회 논단과 비교하여 대폭 확대되었고, 중국측 참여자들은 논단이 향후 다양한 기관 및 관련 전문가를 포함한 규모의 확대, 논단의 정례화를 위한 협의체 구성을 요구하였다.

　2018년에 개최된 제3회 논단에서는 중국의 길림성사회과학원, 연변대학 동북아연구원, 길림대학 행정학원, 요령성 사회과학원, 산동성 사회과학원, 요령성 해양수산과학연구원, 중국해양대학, 천진농학원, 대련해양대학, 중국수산과학기술연구원, 청도대학, 중국수산과학원 황해수산연구소, 중국지질조사국 등 30여명이 참석하였고, 한국에서는 한국해양과학기술원 해양정책연구소 및 해양순환·기후연구센터 등에서 6명이 참석하였다. 특히, 제3회 논단에서는 해양경제발전과 지역협력, 수산자원의 개발과 협력방안을 중심으로 집중적인 논의가 이루어졌다. 북황해를 둘러싼 지역해 해양경제 발전에 대한 중국의 지역별 현황과 함께 황해 수산자원에 대한 중국과 북한의 최신 동향과 협력 경과 등에 대한 발표가 있었다. 제3차 논단을 경과하면서 여전히 본 포럼이 가지는 한계는 있다. 특히, 최근 UN의 대북제재로 인해 북한의 해양정보에 대한 사실관계 분석과 정보교류의 채널도 상당히 제한적이라는 점은 아쉬움이 있다. 그럼에도 불구하고 중국 학자들의 참여가 연구범위에 따라 다양한 기관구성으로 추진되고 있다는 점은 본 논단의 발전 가능성을 밝게 한다. 본서는 제3회 연구발표에 대한 내용을 저자들이 추가 보완하여 발간하는 것이다. 내용에 대하여는 향후에도 연구자 간 지속적 교류를 통해 추가 작업이 있을 것으로 본다.

환황해 해양발전논단은 중국과 한국, 그리고 아직은 참여가 제한된 북한 학자를 주축으로 추진된다. 이들은 국가 혹은 남북간 갈등의 일면을 가지면서도, 항상 동일한 지역해를 매개로 공동의 생존방식과 협력을 고민하여야 하는 현재의 정착자들이기 때문이다. 그러나 황해는 현재와 다음 세대가 지속가능한 이용을 위해 끊임없이 소통하여야 하는 세대와 세대간의 터전이어야 한다. 황해의 발전이 국가, 개인, 혹은 도시의 것이 아닌 환황해 지역민의 생존을 위해 계획되고 이용되며, 존재되어야 하는 이유다.

환황해 해양발전논단은 협력을 의제의 기조로 하면서도, 자국의 해양정책 현안과 해양환경의 현재, 해양과학기술의 개선과 발전을 위한 노력과 성취, 황해 해양문제에 관한 반성적 회고를 진솔하게 담아내면서 상호 이해의 폭을 넓히고자 한다. 따라서 환황해 해양발전논단에 참석하는 모든 학자들은 영역별 전문가이면서, 지역해 생존을 모색하는 활동가이며, 지역해 협력을 위해 국가의 의지를 유도하는 정책결정의 조력자이기도 하다.

환황해 해양발전논단의 참석자들의 모습 또한 이러한 취지와 기대에서 벗어나지 않았다. 더할 수 없는 참석자들의 적극성과 의지에 감사의 마음을 전한다.

2020년 환황해 해양발전논단에 참여하신 모든 전문가를 대표하여
양 희 철

목 차

제1장 환황해 연안지역의 해양경제 발전 및 지역협력

1. 환황해 지역공동체로서의 북한과 지역생존권 확보   03
   양희철(梁熙喆), 이문숙(李文淑)
2. 길림성 해양경제 발전 및 지역경제협력에 관한 연구   25
   郭锐(Guo Rui), 孙天宇(Sun Tianyu)
3. 요녕성 해양경제 발전 및 지역협력에 관한 연구   49
   禹颖子(Yu Yingzi)
4. 산동성 해양경제 발전정책과 한중협력   75
   朴文进(Piao Wenjin)
5. 연안지역 개발에 있어서 지질환경 적합성 평가   99
   张建伟(Zhang Jianwei)

제2장 황해 수산자원의 개발 및 지역협력

6. 북황해지역 패류 양식산업의 한계 및 제언   129
   毕相东(Bi Xiangdong)
7. 대양성 어종 부시리 양식기술의 연구현황 및 전망   145
   柳学周(Liu Xuezhou)
8. 중국 해양수산자원 증식 정책 및 법률에 관한 연구   171
   田其云(Tian Qiyun)
9. 북한의 해양수산양식 현황 및 북중협력   197
   杨大佐(Yang Dazuo), 金银焕(Jin Yinhuan)

* 본 총서는 한국해양과학기술원 연구과제 "동북아 해양갈등 관리를 통한 남북한 해양정책 수립 연구", "해양공간 통합관리 연구"의 일환으로 발간되었다.

환황해 지역경제협력과 수산자원관리

제 1 장

환황해 연안지역의
해양경제 발전 및
지역협력

환항해 지역경제협력과 수산자원관리

01
환황해 지역공동체로서의 북한과 지역생존권 확보

양희철(梁熙喆), 이문숙(李文淑)

황해 연안지역의 발전가능성과 지역경제협력

양희철(梁熙喆)*, 이문숙(李文淑)**

국문초록

황해는 연안국간 국제협력 의무가 부여되는 반폐쇄해이다. 지정학적으로는 강대국간 군사안보적 대립과 남북한 간 낮은 신뢰 관계로 인해 지역공동체 성격의 협력단계로 진입은 한계를 보이고 있다. 국제사회의 북한제재와 북한 자체적인 폐쇄성으로 인한 협력의 제약도 있다. 황해를 둘러싼 지정학적 이해관계가 사실상 환황해 협력의 전반에 영향을 미치는 요인으로 작용하는 이유이다. 그러나 황해는 지역민 공동의 '생존권'이 강하게 보장되어야 하는 지역해라는 점은 변함이 없다. 이는 국가 간 갈등기조와 분리된 영역으로서, '지역민 혹은 지역 간' 협업이 순차적으로 확산되어야 하는 이유이다. 환황해권 교류와 협력을 위한 북한 내부의 정책기조에도 일련의 변화가 있다. 국제제재 환경 하에서도 내부적 협력 여건은 자생적으로 확대되고 있다는 의미이다. 이에, 환황해 협력체계는 지금까지의 국가 중심의 협력관계에서 지역민 공동의 생존권적 가치를 가진 이슈 중심으로 패러다임이 전환될 필요가 있다. 국가간 갈등의 경성적 이슈와 지역민 생존권 중심의 비경성적 이슈의 적절한 균형은 국가 주도의 안보적 이슈가 전체 황해권을 지배하는 것을 저감시키는 중요한 수단이기 때문이다.

키워드: 환황해, 해양경쟁, 지역협력, 지역민 생존, 지역협력

---

* 한국해양과학기술원 해양정책연구소 소장, 박사. 책임연구원.
** 한국해양과학기술원 해양정책연구소 해양공간·환경정책연구실 실장, 박사, 선임연구원.

Ⅰ. 서언

황해는 면적이 약 45만 8천 km²(발해만 포함), 평균 수심 약 44m에 달하며 남황해에서 북황해 까지 약 1천 km에 걸쳐 형성된 지역이다. 황해의 지리적 정의는 "한국의 진도에서 제주도 서쪽 연안을 동쪽 폐쇄선으로 하고, 남쪽으로는 제주도 남서부 연안에서 중국 상해 위쪽, 북쪽으로는 요동과 산동반도, 발해를 포함한 지역"으로 정의된다[1]. 중국과 한국의 이 지역에 대한 국내 명칭 표기 역시 "황해 혹은 黃海(Hwang Hai), Yellow Sea"로 통일되어 있다. 따라서 엄밀하게 황해라는 지역은 남쪽으로 동중국해, 동서쪽으로 중국과 한국, 북한의 육지 영토에 접하고 있고, 북쪽으로는 발해까지를 포괄한다[2]. 중국은 산동반도와 한국 서해 5도를 기준으로 황해를 북황해와 남황해로 구분하여 접근하기도 하나, 이는 국내적 편의성에 근거한 것일 뿐 국제적 분류 방식에 변화는 없다.

경제적 측면에서 한중간에는 2015년도에 자유무역협정(Free Trade Agreement, FTA)을 발효된 바 있으며, 협력 범위는 경제산업 외에 문화, 과학기술, IT, 환경, 교육 등 전분야로 확대되고 있다. 해양영역에서는 황해광역생태계(Yellow Sea Large Marine Ecosystem, YSLME) 사업, 해양환경예보, 해양 핵안전모니터링 및 예측시스템 구축 사업, 황해 해양생태계 및 생물다양성 조사, 황해 환경공동조사 등 약 60여개 이상의 해양협력 사업을 진행한 바 있다. 그러나 양국간 해양을 둘러싼 현상이해의 공조에도 불구하고, 해양경제산업 영역에서 황해를 매개로 하는 협력은 매우 제한적이다.

---

1) IHO 23-3rd: Limits of Oceans and Seas, Special Publication 23, 3rd Edition 1953, published by the International Hydrographic Organization.
2) IHO의 1953년 출판 기준과 달리, 1986과 2002년 작성된 Limits of Oceans and Seas의 초안은 Yellow Sea의 범위에 Bohai와 Liaodong Wan을 세분하여 포함하고 있으나, 황해 범주에서 함께 구분되고 있는 사실에는 변화가 없다.

상호 높은 경제적 의존도에도 불구하고, 상호 해양협력의 실질적 경제규모가 제한적인 것은 다양한 이유가 있다. 국제정세와 강대국간 경쟁에서 황해가 갖는 지정학적 가치에 기인하기도 하고, 북한 요소가 작용하기도 한다. 황해를 둘러싼 국가간 해상경계가 명확하게 확정되지 않은 것도 국가간 권리행사와 협력 범위를 축소하는 원인으로 작용한다. 그럼에도 불구하고 동북아 지역의 해양산업 성장과 국가간 관계의 확대 추세는 여전히 황해가 가장 중요한 협력의 플랫폼이자, 공동으로 관리하여야 할 생존의 터전이라는 것은 분명하다. 세계 경제에서 차지하는 동북아 경제권의 급속한 확대 추세는 황해권 국가와 지역 간 협력이 지정학적 한계를 넘는 정도로 성장하고 있다는 것도 그 이유이다.

상술한 내용에 근거할 때, 황해를 둘러싼 협력은 이미 국가간 협력에 제한적이지 않는다. 오히려 '환황해권'을 형성한 '지역민' 혹은 '지역'이 각각의 협력 주체가 되는 관계의 다양성으로의 전환을 요구받고 있다. 이에, 본문에서는 황해를 둘러싼 국가 간 해양경쟁 요소 도출과 함께, 황해를 둘러싼 '지역민의 생활권'으로서의 협력 필요성을 제언하고 그 방향을 제시하고자 한다.

II. 황해의 지정학적 가치와 해양경쟁

1. 황해의 지정학적 가치와 경쟁환경

환황해 경제권의 지역경제 발전과 국가간 경제 의존관계의 확대에도 불구하고, 황해는 국가간 해양경계획정이 부재한 상태이다. 이는 국가간 해양자원의 이용과 개발 뿐 아니라, '지역해'로서의 황해의 지속가능한 발전전략 수립을 제약하는 요소로 작용한다. 예컨대, 황해의 평화적 협력체계를 위한 전제는 해양자원과 해양환경관리를 위한 해양과학조사, 자원의 보전과 지역해 공동자원 이용정책 등이 수립되어야 하나, 이들 모든 협력요소는 동시에 해양정보에 대한 어느 일방의 독점을 우려하게 되어 쉽게 갈등요소로 전환되기 때문이다.

더욱이 황해는 남북한 간 대립 환경이 지속되고 있고, 북한 요소에 따라 황해 전체의 국방안보적 상황은 상시적 긴장상태를 지속시키는 원인으로 작용한다. 이는 황해를 대상으로 한 광역 해양관할권 확보가 전체 지역해와 주변해역과 연계된 안보상황에 지대한 영향을 미칠 수 있기 때문이다[3].

사실, 동북아 각국에게 해양은 국가의 안정적 성장, 주권 유지를 위한 국방 및 안전 등을 위한 양보할 수 없는 전략적 요소이다. 더욱이 한반도 주변수역은 정치, 역사, 경제, 지리적으로 밀접한 연관성과 민감한 정서적 갈등 요소를 갖추고 있다. 국민간 역사적 인식을 바탕으로 한 정서적 측면까지 복잡하게 작용하고 있다는 것을 고려하면 단시간 내에 관련 문제를 해소하는 것은 쉽지 않다. 또한 1982년 채택된 유엔해양법협약(UNCLOS, 1994년 발효) 제57조에 따라 한국과 중국, 북한은 모두 200해리까지의 배타적경제수역을 향유할 수 있는 권리를 부여하였다. 그러나 양안 간 거리가 400해리 미만인 황해에서 각국의 EEZ 선포(북한 1977년, 한국 1996년, 중국 1998년)는 필연적으로 EEZ 중첩수역을 발생하게 하였고, 해양의 이용을 둘러싼 국가간 경쟁은 지역해 협력 보다 우선하는 정책기조를 형성하게 되었다.

경제성장과 국제무역 의존도가 높은 중국과 한국의 석유 소비량이 각각 세계 2위와 8위(2019년 기준)인 것과 우리나라의 에너지 수입의존도가 약 93%에 달한다는 점 또한 해양의 중요성을 그대로 보여 준다[4]. 2016년 기준으로 전 세계 원유수입 해상물동량 중 약 55%가 아시아이며, 이중 한·중·일과 인도가 아시아 전체 비중의 약 82.5%를 점하고 있다는[5] 점도 해양이 국가 경제와 안보에 미치는 영향을 가늠할 수 있다. 국가안보와 해양이 갖는 이러한 상관관계는 환황해권 국가가 황해를 매개로 하는 '지역간 경제협력체' 혹은 '황해 해양경제권'을 설계하는 데 중요한 제약 요소가 되었다. 설령 해양협력을

---

[3] 한국해양과학기술원, "서해연구소 설립 추진을 위한 설립 타당성 및 기능정립 연구"(부산, 2018), pp.41-42.
[4] 한국에너지공단, "에너지 바로알기"(울산: 2019.), pp.29-35.
[5] 석주헌, 세계 에너지 물류구조 변화요인 분석(에너지경제연구원, 2016), p.99.

통한 공존의 방식이 명확하게 존재함에도 불구하고, 협력 기제를 발제하기 보다는 '선점'을 통한 '주도권 확보'를 우선하였고, 상호 '신뢰' 보다는 '경쟁'과 타방의 일방적 '양보'를 기대하는 것이 우선하였다.

2. 환황해권에서 북한요소와 협력 필요성

황해의 또 다른 협력 위해 환경은 한국과 북한의 군사적 민감성에 있다. 남북한은 서해와 동해에서 해양을 연접(連接)하고 있으며, 모두 NLL(북방한계선)이라는 해상경계선을 통해 각방 해역에 대한 관리의 기준으로 삼고 있다. 물론 서해 NLL이 갖는 민감성 문제는 역설적으로 향후 남북한 관계 개선을 위한 상징적 수역으로 대두될 가능성이 농후하다. 특히 이 지역을 매개로 하는 남북한 서해역 협력벨트 구상으로 발전될 가능성이 있으며, 이는 황해 전체에 대한 협력을 유도하는 중요한 이벤트이기도 하다. 그러나 이를 위한 선결조건은 매우 복잡하게 요구되고 있다. 남북한 서해 NLL 협력은 '정치적 화해'와 함께 (1) 미국과 북한 간 휴전협정의 정전협정으로의 전환 → (2) UN 결의에 의한 對북한 제재조치 완화 → (3) 남북한 해양협력 수역 설정과 협력 분야 특정화, 관리기관(법집행) 지정 등의 조치로 확대되는 전제가 함께 수반되어야 할 것이기 때문이다. 물론, 서해에서 남북한 해양수산협력(제한적 영역이나마)이 정치적 긴장 완화를 조건으로 형성될 경우, 서해가 가지는 반폐쇄해의 특징, 남북한 특수성 등을 근거로 하는 해양자원과 해양환경 등 통합관리 필요성은 갈수록 증대될 것 또한 자명하다. 북한요소에 따른 긍정과 부정적 효과에도 불구하고, 남북한 간 갈등의 지속, 혹은 황해권에 대한 북한의 협력 부재는 환황해 협력이 온전하지 않을 것임을 짐작케 한다. 즉, 이는 국가간 해양에 대한 이슈의 지속성은 황해를 둘러싼 지역해 협력은 상당히 난해하며, 새로운 협력 기제가 형성되어야 함을 의미한다.

III. 환황해 협력을 위한 북한요소의 국제성과 지역성

1. 환황해권 지역협력 참여를 위한 북한의 국제적 여건

광역적 지역협력체를 통한 공존과 발전협력은 이미 국제사회에 다양하게 접목되고 있다. 국제사회는 지역통합체 혹은 지역협력체를 통해 상호 경제적, 사회적 의존관계를 형성하고 상호 지역적 이익을 극대화하고 있다. EU(European Union)와 ASEAN(Association of South-East Asian Nations), MERCOSUR(Mercado Comun del Sur), USMCA(US-Mexico-Canada Agreement, 舊 NAFTA를 대체)6) 등이 대표적 지역통합 협력관계를 형성하는 사례에 속한다. 환황해권은 지역적 인접성 뿐 아니라, 상호 협력과 교역 의존도, 기술과 시장 등의 규모면에서 어느 지역보다 높은 상호 보완적 효과를 기대할 수 있는 지역이다. 더욱이 이 지역의 가장 큰 경제권을 형성하고 있는 한중은 1992년 정식 수교 이래 정치적으로는 전략적 협력 동반자 관계로 격상되었고, 경제적으로는 서로 가장 중요한 무역투자국의 관계로 격상되어 있다.

한중의 경제규모와 교역 관계에도 불구하고 황해권 협력의 또 다른 주체는 북한이다. 북한의 참여는 환황해권 협력의 불완정성의 극복 여부를 결정하는 가장 중요한 요소이다. UN 주도의 국제사회는 2006년 북한의 미사일 발사에 따른 안보리 결의 1695호에 근거한 제재를 시작으로 2018년 현재까지 14차례의 제재조치를 취한 바 있으며, 이 외에 미국과 일본, EU 등 독자적 제재 또한 별도 조치로 이행되고 있다. UN의 제2371호 결의는 특히 북한의 수산물 수출 금지를 포함하고 있다는 점에서, 중국과의 교역을 크게 감소시키는 원인으로 작용하고 있다7). 북한의 대외 활동 감소는 황해권 전체의 지역협력을

---

6) USMCA는 2020년 7월 1일 기준으로 발효되었으며, 트럼프 대통령이 공약으로 내세운 舊북미자유무역협정(North American Free Trade Agreement, NAFTA)의 재협상 결과이다. 기계신문(http://www.mtnews.net/news/view.php?idx=8416, 2020.5.20일자, 2020년5월10일 검색); 권기수 외 3인, "MERCOSUR의 경제환경 변화와 한·MERCOSUR 기업간 협력 활성화 방안", KIEP 정책연구 브리핑(2017), pp.1-9.

저해하는 또 다른 요인으로 작용할 수 있다. 물론, 북한 제재가 황해 협력의 절대적 저해 요인으로 작용한 것은 아니다. 과거에도 지속적 폐쇄성을 유지하였던 북한이었다는 점에서, 국제사회의 제재는 단지 북한과 중국 간의 상호 교류 감소라는 제한적 상황으로 판단되기 때문이다. 그러나 북한 제재는 김정은의 해양중시 활동을 고려할 때, 장기적으로 완화될 수 있는 북한의 해양을 통한 교류와 환황해권 협력을 제고하는데 부정적 요소임은 분명하다.

2. 환황해권 지역협력 참여를 위한 북한의 지역성(참여가능성)

UN 제재라는 현실적 교류 제한 상황이 지속되고 있으나, 북한과 중국 간 교류는 완전하게 차단된 것은 아닌 듯 하다. 일부는 UN 제재를 위반하는 사항(북한 수역 입어권 등)이 발생하고 있으며, 양자간에는 여전히 국경 무역과 교류를 통해 지속적 협력과 교역관계를 유지하고 있기 때문이다. 이는 북한의 시장경제 혹은 정권 유지 차원의 지역협력 필요성과 가능성은 열려있다고 해석할 수 있다. 정치적 경색 국면 외에, 북한의 역할을 긍정적으로 평가하는 또 다른 요소는 북한 내부의 경제적 여건 개선과 정책적 우선 추진 의지이다. 예컨대, 북한 또한 김정은 시대 이후 해양수산 분야는 지속적 우선 사업으로 추진되고 있고, 해양영역이 김정은의 현지시찰 중점 분야로 제고되었다는 점에서 긍정적이다. 북한 노동신문을 중심으로 분석한 결과[8], 2011년부터 2019년 6월까지 김정은을 비롯한 간부들은 꾸준히 해양수산 관련 기관 및 시설을 방문하여 현장을 점검하고 사업추진을 독려하고 있다. 현지방문은 김일성 시대부터 진행된 통치방식으로 사업소, 기관, 대학 등에 현장에 직접 방문하여 유일지배체제를 공고히 하고 체제안정과 경제발전 동력으로 활용되어 왔으며, 북한의 국가정책을 가늠할 수 있는 가장 중요한 정보원이라는 점에서 의미가 있다.

---

7) 외교부 보도자료, "유엔 안보리 대북제재 결의 2371호 채택", 2017.8.06. 외교부 보도자료, "유엔 안보리 대북제재 결의 제2375호 채택", 2017.9.12.
8) 한국해양과학기술원, 『북한 해역별 해양공간 정보 인프라 구축』, 2019.12., pp.92-93.

[그림-1] 연도별 해양수산 분야 기관 및 시설 현지 방문수

북한의 해양정책에서는 과거와 달리 특히 김정은 시대 부터 해양수산 분야 기관 및 시설 현지 방문이 증가되고 있으며, 주로 수산분야와 해양관광분야에 집중되고 있다는 점도 주목할 만 하다. 현지 방문 지역을 분석한 결과, 김정은의 현지방문은 함경남도 22회, 다음 강원도 21회 등으로 동해에 집중되어 있고, 주로 수산사업소, 선박건조 전문시설(조선소) 등을 중심으로 현지 방문을 실시한 바, 해양 기간산업과 수산물 등의 먹거리가 여전히 핵심 추진 산업이라는 것을 알 수 있다.

[그림-2] (좌)분야별 현지방문 비율, (우)지역별 현지방문 비율

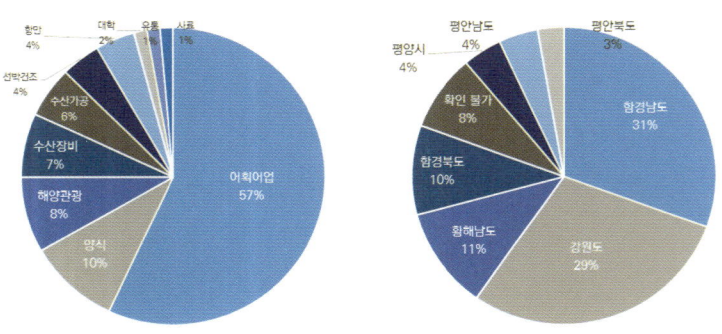

북한의 해양에 대한 관심은 지역 특성을 살린 대외경제교류 정책에서도 나타나고 있다. 2013년 11월 21일부 최고인민회의 상임위원회 정령은 전국에 13개소의 경제개발구를 설치하는 것을 정하고 있다. 또한 2014년 7월 23일부 최고인민회의 상임위원회 정령에서 6가지의 경제개발구가 추가 지정되었다. 황해권에 대한 중점 산업 또한 수산업과 대외무역, 가공 등을 중심으로 설정되어 있다는 점에서 북한의 황해 수역에 대한 산업적 접근 또한 상당한 관심도로 형성되어 있음을 알 수 있다.

[표-1] 북한의 지방경제개발구와 주요 산업

행정구역	개발구역명	주요 개발산업
함경북도	청진경제개발구	금속, 기계, 건축자재, 전자, 수출가공
	어랑농업개발구	농축목업기지, 농업과학연구단지
	온성도관광개발구	외국인관광업
양강도	혜산경제개발구	수출가공, 현대농업, 관광요양
자강도	만포경제개발구	농업, 관광레저, 무역
	위원공업개발구	광산품, 목재, 농산특산품 가공
평안북도	압록강경제개발구	농업, 관광레저, 무역
황해북도	신평관광개발구	관광, 요양, 체육, 오락
	송림수출가공구	수출가공, 창고보관, 화물수송
남포시	와우도수출가공구	수출형 가공업
	진도수출가공구	수출형 가공업
함경남도	흥남공업개발구	보세가공, 화학제품, 건축자재, 기계설비
	북청농업개발구	과일종합가공, 축산업
강원도	현동공업개발구	정보산업, 경공업
평안북도	청수관광개발구	관광
평안남도	청남공업개발구	수산업, 의료(衣料)가공
	숙천농업개발구	농업
평양시	온정첨단기술개발구	IT산업 등
황해남도	강령국제녹색시범구	친환경농법

출처 : 최고인민회의 상임위원회 정령 및 각종 자료.

이들 경제개발구는 각 도가 자신의 실정에 맞추어 외국투자를 유치하는 것으로 설계되어 있으나, 이들 지역은 모두 북한의 육상 인프라(철도, 도로)와 연계되어 있다는 점에서 산업적 확산도 충분한 지역이다.

[그림-3] 북한의 주요 교통망 및 공업지대(출처: 통일부 북한정보 포털)

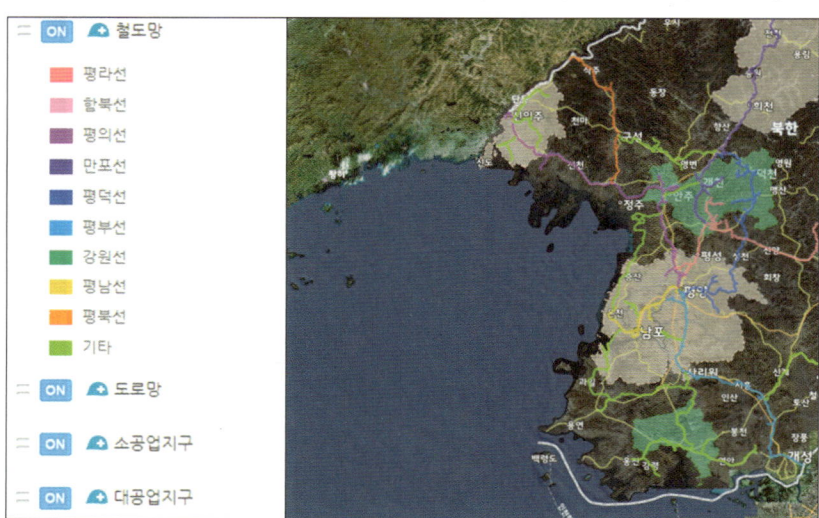

상술한 북한의 해양경제 수요로 볼 때, 이미 경제적 규모화가 진행된 중국과 한국과의 우호적 접근 수요는 충분하다고 보여진다. 본 글에서 '우호적 접근 수요'라 함은 국가간 제공되는 공급과 수요 시장의 적절한 분업화가 가능하다는 것을 포함하는 개념으로 이해 가능하다. 특히 북한의 환황해권 산업이 사실상 초기 단계임을 고려할 때, 한국과 중국의 노동력 보다 저렴한 공급이 가능할 것이며, 북한 현지의 수산물 가공과 환황해권 지역으로의 공급망 구축은 상호 윈윈하는 형식으로 발전 가능하다.

해양자원과 해양공간 관리 측면에서도 남북, 중국 간 교역의 확대는 '지속가능성'을 확보할 수 있다는 점에서도 상당한 지역해 갈등요소의 해소를 가져올 수 있다. 물론 이러한 접근은 여전히 북한의 북황해에 대한 군사, 정치적 민감도의 강도와 연관된다는 점은 한계이다. 특히 황해권은 남북한 간 NLL의 안보적 위기 상황이 상시적으로 반복된다는 점에서 상당한 신뢰구축이 수반되어야 하는 어려움이 있다.

Ⅳ. 환황해 협력과 지역 생존권

1. 환황해 협력의 당위성과 여건

환황해권의 지리적 혹은 학술적 정의는 없다. 다만 중국 산동반도의 끝점을 중심으로 황해를 연결할 경우, 중국과 한반도의 연안 지역은 모두 약 440km의 반경 내에 위치하고 있다. 이때 형성되는 황해권역(육역과 해역)은 약 74만 km^2에 달한다.

이들은 각각 한국의 서해경제권과 중국의 환발해경제권, 장강삼각주경제권을 구성하고 있으며[9], 서해의 지리적 조건은 특히 이들 권역 국가의 유기적 협력과 교류를 필수적인 조건으로 한다. 특히, 무역 의존도가 높은 한중 양국의 경제적 특색, 황해에 의존적인 양국 수산활동, 생물다양성 보전, 해상을 통한 무역로 확보, 연안갯벌의 보전, 해양재해와 재난 대응 등 모든 영역이 생활 공동체로서의 특징을 가지고 있다.

---

[9] 김홍규 외 3인, "중국 일대일로 전략과 환황해지역 한중협력 연계 가능성과 과제" (KOTRA, 2018), p.57.

[그림-4] 산동반도를 중심으로 한 환황해권역 범위와 지역별 거리

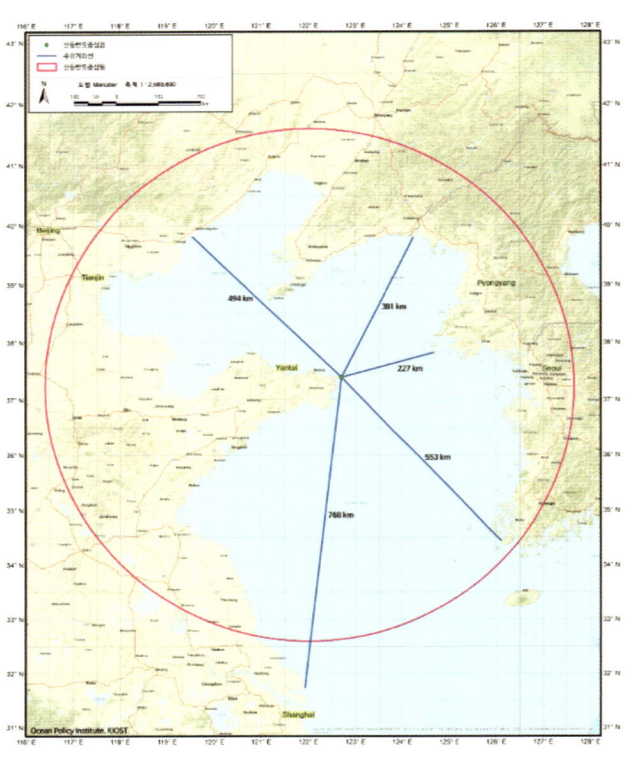

경제적 단일권을 형성하기 위한 지리적 조건 외에, 황해는 국제법적으로 강한 협력의무가 추진되는 반폐쇄해(semi-enclosed seas)에 해당한다. 유엔해양법협약은 제122조를 통해 "2개국 이상에 의하여 둘러싸이고 좁은 출구에 의하여 다른 바다나 대양에 연결되거나, 또는 전체나 그 대부분이 2개국 이상 연안국 영해와 배타적경제수역으로 이루어진 만, 내만, 또는 바다"를 폐쇄해 혹은 반폐쇄해로 정의하고 있다. 협약은 황해가 한반도와 중국으로 둘러싸인 전형적 반폐쇄해에 해당하며, 연안국은 해양생물자원, 해양환경보호와 보전, 과학조사 정책 등의 문제에 협력할 실질적 의무가 있다는 것을 제시하고 있다

(제123조). 협약 규정은 단순히 법적 용어로서의 정의, 협력의무를 문언적으로 접근한 것으로 해석되지 않는다. 관계국은 권리행사와 의무이행에 관한 사항의 협력을 요구받고 있으며, 특히 권리행사에 있어서는 국가간 최종합의에 이르는 것을 위태롭게 하거나 방해하지 않아야 한다(제74조).

황해권 국가의 협력 필요성은 실질적 교역지표에서도 충분히 나타나고 있다. 2019년 기준으로 한국의 대중국 투자는 약 58억 달러, 중국의 한국 투자액은 약 9.8억 달러에 달한다10). UN제재로 인해 교역은 감소하였으나, 2019년 기준, 북한의 대중국 수출은 약 2억 2천만달러, 대중국 수입은 약 25억 7천만달러에 달한다11). 다만, 실질 경제의 높은 상호 의존도에도 불구하고, 국제적 패권경쟁 게임은 국가간 협력의 상시적 불안정 상황 또한 지속되고 있다. 한중 간 사드 문제와 중일간 조어대를 둘러싼 경성이슈가 국가간 경제교류 분야에 직접적인 영향을 준 것이 대표적이다12). 이들 사례는 과거 경제적 영역이 독자적 협력 분야로서의 보호 받고 별도의 이슈로 처리되던 사례와 비교할 때, 경성이슈와 연성이슈가 '국가이익' 우선주의에 의해 혼용되는 것을 경험하게 한 것으로 지역패권경쟁의 승패가 나기 전까지는 지속될 우려마저 있다.

황해권을 둘러싼 특징을 논하는데 있어 가장 중요한 것은 한반도 주변수역을 형성하는 국가 간 이해의 복잡성과 갈등관계, 협력의제 설정의 모호성과 민감성에 있다. 이는 황해에서의 지역 간 협력을 추진하는데 있어서 초기 협력기제 설정의 어려움과 협력의제를 도출하는 데 중요한 장애 혹은 고려 요소로 작용하여야 한다는 것을 의미한다.

상술한 바와 같이 한반도 주변수역은 협소한 반폐쇄 해역으로 상호협력과 갈등환경이 병존하고 있으며, 관련국 경제성장과 교역의 중심은 해양에 의존하고 있다. 이는, 도서영유권, 방공식별구역(ADIZ, Air defense identification

---

10) 주중 한국대사관, 경제·통상 현황(2020.8.20).
11) 최장호, 최유정, "2019년 북중 무역평가와 전망", KIEP 오늘의 세계경제(2020.3), pp.3-4.
12) 양희철, "바다의 평화없이는 진정한 평화 없다", 유상철 외 지음, 『차이나 인사이트』 (서울: 올림, 2018), p.134.

zone), 해양공간, 군사적 충돌위협 등 세력간 지속적인 대립구도에도 불구하고, 지역해 거주민의 안전과 동북아 경제 성장을 위해서는 해양을 매개로 한 공동의 협력과제 도출이 필수임을 의미한다. 지역민 중심의 지역해의 '공존', '공생'을 위한 협력적 접근은 국가간 긴장 구도를 감소시키는 순기능 역할을 가능하게 한다. 황해 역시, 주권 유지를 위한 국방안전, 역사적 국민정서 등 양보 불가요소를 제외하고, 지역해/지역민 공동활로(活路)의 안정화 기반형성을 위한 협력이 절대적으로 요구되는 지역이다.

남북, 중국은 주권과 군사적 요소를 배제(비전통적 연성이슈)하고, 지역 생존권을 위한 정보교류와 대응협력을 통해 해결 가능한(쉬운 의제) 주제를 민간주도형(단계별 공적 채널로 전환)으로 정착시키는 것이 시급하다. 이에 대한 환경적 기초는 여전히 정치적 합의를 바탕으로 하는 것도 사실이다. 외교적 측면에서는 아시아 패러독스(Asia Paradox, 역내 경제적 상호의존 증대에도 불구하고 군비경쟁과 상호 위협인식은 높은 상태로 정의된다)의 한계를 극복하고 '지역안전' 확보를 위한 '원자력안전, 기후변화, 해양재난, 해양자원, 해양환경' 영역에서의 해양 민간협력 네트워크 구축 필요성이 끊임없이 제기되고 있으나, 포괄적 의미(정보교류 및 공동조사)의 협력은 제한적이다. 접근 가능한 협력이슈에도 국가간 지역해 주도권과 경쟁적 요소의 차단을 위한 신뢰 관계가 여전히 한계를 보인다는 의미이기도 하다.

2. 지역생존권 중심의 환황해 협력 방향

지역해를 둘러싼 국가간 경쟁은 사실 '개인 혹은 지역' 협력 관계 보다 우위의 가치를 가질 수 있는 것이 사실이다. 국가의 전략과 이익은 총합적 가치로 접근된다면 개인과 지역의 가치는 여전히 '특정 이익'의 고려를 전제로 하기 때문이다. 다만, 그럼에도 불구하고 지역과 개인의 "생존권" 문제가 국가간 경쟁을 완화시키거나 공통의 협력 의제를 형성시키는 데 가장 유력한 수단이 될 수 있다는 점 또한 간과되어서는 안된다. 이는 상호 신뢰가 '국가우선주의'

에 의해 그 근간까지 훼손되는 것을 방지하는 데 특히 유력하다.

사실 황해권의 갈등이슈는 남북간 문제 외에 다른 지역해에 비하여 직접적인 경성이슈는 찾기 힘들다. 현재의 황해를 둘러싼 갈등은 오히려 국가 간 무한 '신뢰'가 보장되지 않는 환경에서의 습관적 경쟁심리가 작용하고 있는 것으로 사료된다. 따라서 국가 간 습관적 경쟁과 '신뢰' 부재 사이의 간극을 보완할 새로운 주체의 역할과 활동을 보장하고, 국가 간 경쟁 이익을 뛰어 넘을 만큼의 비경성형 상존 이슈의 발굴은 반드시 필요하다. 이때의 새로운 주체는 당연히 '환황해 지역민, 혹은 환황해 지역사회'가 되어야 한다. 그리고 해양환경보전, 해양질병대응, 기후변화대응, 해상교통로 안전망구축, 해양자원의 지속가능한 보전과 이용, 해양재난 대응은 '지역해 및 지역민 생존권'의 문제로 가장 강한 연대 고리를 확보할 수 있으리라 본다[13].

국가간 갈등의 경성적 이슈와 지역민 생존권 중심의 비경성적 이슈의 적절한 균형은 국가 주도의 안보적 이슈가 전체 황해권을 지배하는 것을 저감시킬 수 있다. 혹은 최소한 과거와 같이 경제와 정치적 이슈의 분리가 가능한 상태로의 회귀, 즉 '경성이슈'가 '연성이슈'까지를 포괄하는 모든 국가 간, 지역 간, 지역민 간의 연성적 교류까지를 차단하는 정도에는 이르지 못하도록 하는 상황을 말한다. 즉, 국가간 갈등 상황은 '국가 단위'의 분쟁 혹은 충돌 양상에 제한적이고, 이러한 논의의 경과와 결과가 '지역 혹은 지역민'의 영역으로 확산되는 것을 방지하기 위한 유력한 조치로 성장하여야 한다는 것을 의미한다.

---

13) 양희철, "동북아에서 비전통적 안보위협의 증가와 해양협력", 홍기훈·양희철 편저, 『동북아 평화협력구상 해양분야 이행방안 : 해양환경』(서울:범우사, 2016), pp.250-275.

IV. 결론

한반도 주변수역, 즉 동중국해를 포함한 황해는 정도의 차이는 있으나, 향후 일정 기간 동안 대륙세력(중국)과 해양세력(일본, 미국)의 충돌 환경에 노출되어 있다. 남북 특수 환경과 중·일·미 해양강국의 대립관계에서 지속적 긴장이 유지될 것으로 전망되며, 이는 환황해권 지역 협력에도 상당한 제약요소가 될 수 있다.

한국은 세력간 완충지대로서의 조정자로서의 역할 강화가 필요하며, 특히 지역 협력이슈는 안보이슈 중심의 경성적 구도 보다는 연성적이고 비전통적 해양이슈를 중심으로 평화적 해양관리협력 조정자 역량을 강화할 필요가 있다. 한국과 중국을 위시로 한 동북아는 원자력안전(해양방사능), 기후변화, 해양재난, IUU, 해상테러, 지능범죄, 자연재해, 월경재난 등 복잡한 비정형적 위협요소에 공통적으로 직면하고 있다. 북한 또한 이러한 결과론적 재난과 위협으로부터 예외는 아니다. 지역 연안국간 공동대처와 해양정보의 적극적 교류를 통해서만 대응할 수 있는 문제이다. 황해는 국가별로는 유류오염, 선박사고, 해양활동 증가에 따른 해상사고 등의 안전 확보, 발전소의 산재 등 해양환경 및 온배수 관리 수요 역시 제고되고 있다. 즉, 황해는 현재와 미래의 수요 측면에서 해양산업의 새로운 거점이자, 반폐쇄해의 자원을 통합관리를 수용해야하는 능동적 해역이라는 것을 의미한다. 반면, 해양환경과 육상기인 오염, 월경성 해양자원 이용의 포화 상황을 상호 조율 및 관리하여야 하는 (이용적 측면에서의)피동적 해역이기도 하다. 이는 황해권이 반폐쇄의 국제공역(지역해)이면서, 양자간에는 경계가 부재하다는 점에서 국제성과 외교적 민감성, 남북한 간 정전상황의 국방안보적 성격을 가짐에도 불구하고, 지역생존권이라는 공동의 가치를 추구해야만 근본적 이유이다.

이러한 협력요소는 국가 단위와 별도의 민간 영역에서 독자적 영역으로 기반 조성과 수행 가능하며, 별도의 협력 체계를 갖출 수 있는 역량도 형성되어 있다. 북한의 참여 정도가 제한될 수 있으나, 이 역시 한중 중심의 정보구축과 협력을 중심으로 단순 참여형 부터 단계적 확대를 꾀할 만 하다. 혹은 지역협력을 위한 역량 제고를 위한 한중의 對 북한 교육훈련과 역량강화 사업을 추진하는 것도 지역해 자원의 균형과 지속가능성을 확보하는데 유력한 방안일 수 있다. 이는 물론 국제사회 및 제재 환경과 지속적 합의를 통해야 하는 전제가 수반된다.

황해를 둘러싼 연안 육역과 해역은 단일 공동체를 형성하기에 충분한 지리적 동질성을 가지고 있다. 이 범위에는 황해라는 전체 해양공간과 자원의 지속가능한 이용과 개발협력 체계의 형성을 포함한다. 남북한 간에는 황해 보다 '서해'라는 양자 간 명칭이 보다 민감하게 작용하는 수역이기도 하며, 환황해 협력이 완전하게 형성될 수 있는가를 가늠할 수 있는 전초적(前哨的) 지역이기도 하다. 북중 간 관계를 고려하면, 남북 간 민감성이 황해 전체의 민감 요소로 확대된다는 점에서 남북한 간 서해 접경지역의 협력 기제 형성은 환황해 협력의 전제가 되기도 한다. 이러한 민감성을 감소시키기 위한 시도가 남북한 간에는 여러 차례 시도되었다. 주로 서해 접경수역을 대상으로 한 '민간' 주도형 해양이용 구역을 설정하는 방식이었고, 이는 다른 영역으로 협력범위를 확대할 수 있다는 점에서 설득력이 있다. 다만 이러한 협력 또한 지역해의 정치적 긴장을 억지하는 데는 여전히 한계를 보이고 있다. '민간' 영역의 협력이 단순 교류의 틀을 유지하는 데 그치고 있고, A국의 '지역'과 B국의 '지역'으로 확산되기에는 지역 개념의 개입이 본격화 되지 않았기 때문이다.

따라서 환황해 지역해 협력의 온전한 방식으로의 전환은 '국가이슈' 중심의 의존적 경제협력 외에 '민간 및 지역' 중심의 교류 활성화, 황해를 근간으로 활동하는 지역민 생존권에 대한 보전적 영역의 확대가 우선될 필요가 있다. 이는 환황해 지역민의 생활 전반에 영향을 주는 모든 요소가 해당된다. 이 과정에서 국가수요와 지역민 생존권 수요가 충돌될 여지는 분명히 있다. 주권과 안보적 환경에 대한 결정과 방향은 여전히 '국가안보' 측면이 우선될 수 있다. 다만, '환황권 지역생존권'을 위협하는 요소에 대하여는 환황해지역 공동의 가치가 적극적으로 개입되고 수용될 여지는 충분히 확보되어야 한다. 동북아 국가의 강한 민족정서와 국가우선 주의의 신념이 작용될 수는 있으나, 이 역시 지역 '생존권'과 국가이익 가치가 궁극적으로 동일 선상에 있다는 것을 주지 시켜야 한다.

참고문헌

[1] 김흥규 외 3인, "중국 일대일로 전략과 환황해지역 한중협력 연계 가능성과 과제"(KOTRA, 2018)

[2] 권기수 외 3인, "MERCOSUR의 경제환경 변화와 한·MERCOSUR 기업간 협력 활성화 방안", KIEP 정책연구 브리핑(2017)

[3] 석주헌, 세계 에너지 물류구조 변화요인 분석(에너지경제연구원, 2016)

[4] 양희철, "바다의 평화없이는 진정한 평화 없다", 유상철 외 지음, 『차이나 인사이트』(서울: 올림, 2018)

[5] 양희철, "동북아에서 비전통적 안보위협의 증가와 해양협력", 홍기훈·양희철 편저, 『동북아 평화협력구상 해양분야 이행방안 : 해양환경』(서울:범우사, 2016)

[6] 최장호, 최유정, "2019년 북중 무역평가와 전망", KIEP 오늘의 세계경제 (2020.3),

[7] 한국해양과학기술원, 『서해연구소 설립 추진을 위한 설립 타당성 및 기능정립 연구』 (2018.2)

[8] 한국해양과학기술원, 『북한 해역별 해양공간 정보 인프라 구축』(2019.12)

[9] 한국에너지공단, "에너지 바로알기",(울산: 2019.)

[10] 주중 한국대사관, 경제·통상 현황(2020.8.20).

[11] 외교부 보도자료, "유엔 안보리 대북제재 결의 2371호 채택", 2017.8.06.

[12] 외교부 보도자료, "유엔 안보리 대북제재 결의 제2375호 채택", 2017.9.12.

[13] IHO 23-3rd: Limits of Oceans and Seas, Special Publication 23, 3rd Edition 1953, published by the International Hydrographic Organization.

환항해 지역경제협력과 수산자원관리

02
길림성 해양경제 발전 및 지역경제협력에 관한 연구

郭锐(Guo Rui), 孙天宇(Sun Tianyu)

길림성 해양경제 발전 및 지역경제 협력에 관한 연구

郭锐(Guo Rui*), 孙天宇(Sun Tianyu)

국문초록

　　길림성은 '일대일로'구상과 '해양강국'전략의 추진에 힘입어 해양경제 육성에 박차를 가하고 있다. 2016년에는 종전 국가해양국의1) 정책제안에 따라 길림성을 "변강근해성(边疆近海省)"에서 "연변통해성(沿边通海省)"으로 자리매김하였다. 이에 따라 길림성의 해양경제 발전전략은 해양산업 선진화를 위한 국제협력 강화, 해양산업의 대외개방 심화 등 2개의 과제를 중점 추진하게 되었다. 향후 길림성 해양경제 협력 추진계획의 핵심은 ① 수출지향형 경제발전의 새로운 방향 구축, ② 환동해 국가의 지방정부간 협력을 통한 동북아 해양경제협력 체계 구축, ③ 대외경제개방 수준 향상을 통한 성장 동력 창출 등이 포함된다.

키워드: 해양경제, 국경 근해(边疆近海), 변경 통해(沿边通海), 동진서연(东进西连)

---

* 길림대학교 행정대학원 교수, 법학박사.
1) 2018년 3월 제13기 전국인민대표대회 제1차 회의에서 국무원조직개편방안이 통과되어 국가해양국을 폐지하기로 확정하였다. 종전 국가해양국의 해양환경 보전에 관한 기능을 제외한 모든 기능은 새로이 출범된 자연자원부에 이전되며, 대외적으로는 국가해양국의 간판을 유지한다. 해양환경의 보전에 관한 기능과 관련 업무는 생태환경부에 이전되며, 자연보호구, 풍경명승구, 자연유산, 지질공원 등 특별보전지역의 지정과 관리에 관한 업무는 자연자원부 산하의 임업초원국에 이전된다. 이에 관한 보다 자세한 내용은 국무원 조직개편방안에 관한 설명은(양회 지정 발표) [EB/OL].http://www.xinhuan et.com/ politics/2018lh/2018-03/14/c_11225 33011.htm에서 확인할 수 있다(홈페이지 최종방문일2018.12.15).

Ⅰ. 들어가면서

중국은 해양산업의 새로운 발전과 더불어 해양경제가 급속도로 성장하게 되었다. 2017년 중국 해양생산총액(GDP)은 7.7조 위안을 돌파하였으며 2016년 대비 6.9% 증가하였다. 2017년 해양생산총액은 국내 생산총액(GDP)의 9.4%를 차지하였다.[2] 이로부터 알 수 있는바 해양경제 육성이 중국 경제의 발전을 이끌어갈 새로운 성장 동력이라 할 수 있다. 길림성은 중국에서 유일한 국경을 접하고 바다로 나아갈 수 있는 지방정부로서 중앙정부의 '일대일로' 구상과 동북지역 진흥에 관한 정책에 적극 부응하여야 하며, 창지투개발개방전략(长吉图开发开放战略)과 두만강지역국제협력체제(图们江区域国际合作机制)를 기반으로 지역 해양경제를 적극 육성해나가야 한다. 예컨대, 길림성 산업구조를 최적화하는 동시에 바다로 나갈 수 있는 교통편리 접근성을 적극 활용하여 '일대일로'건설을 적극 추진하고 역내의 국가발전전략 추진에 따른 경제성장의 기회를 확보하여 중국 동북지역의 경제 부흥과 길림성의 경제발전을 이끌어내야 한다.

Ⅱ. 길림성 '국경 근해'에서 '변경 통해'로 지위 구축

중국 길림성은 종전에 동해(일본해)의 연안에 위치한 성(省)이었으나 1600년대 청정부가 중국 동북지역 영토의 대부분을 잃게 됨에 따라 길림성도 "연해성(沿海省)"에서 "근해내륙성(近海内陆省)"으로 전락되었다. 1980년대부터 길림성은 '국경 근해성' 건설에 관한 정책을 수립·시행하였으며, 2016년 전 국가해양국은 길림성을 '변경 통해성'으로 지위를 구축하고 국내 연안지역에 위치한 성으로 편입하는 방안을 추진하였다. 이에 따라 길림성은 점차 '변경 통해'로서의 지위를 구축해나갔다.

---

[2] 刘诗平, "2017年我国海洋生产总值逾7.7万亿元 比上年增长6.9%", [EB/OL]. http://www.gov.cn/xinwen/2018-03/01/ content_5269787.htm (최종방문일 2018.12.15)

1. '연해'에서 '근해내륙'으로의 전환

역사상 길림성이 소재한 지역은 동북아 '실크로드'연선에 있어서 바다와 육역을 연결하는 교통 요충지였다. 근대 이후 청정부와 제정 러시아(沙俄)가 체결한 불평등조약에 의해 중국은 동북지역 영토의 대부분을 잃었고 길림성은 '연해성(沿海省)'에서 "내륙성(內陸省)"으로 전락되었다. 비록 길림성은 "연해성"의 자격을 잃게 되었으나 1886년에 체결한 "중-러 훈춘 동부경계조약(中俄珲春东界约)"의 규정에 따라 두만강을 통한 해양진출의 권리를 확보할 수 있었다. 이 조약에 근거하여 해당 지역 주민들은 두만강을 활용하여 바다로 나아가 어로활동을 할 수 있었고 일본, 러시아, 북한과의 무역거래도 가능하였다. 이러한 해양진출의 권리는 1904년부터 1905년 일-러전쟁 기간에도 아무런 영향을 받지 않았다. 중국 훈춘지역의 교역이 번성해짐에 따라 1907년 청정부는 훈춘을 외국과의 통상 항구도시(商埠)로 개통하고, 1909년 훈춘세관이 중국 동부 국경세관 업무를 통합 관리하도록 하였다. 1930년대에 들어 훈춘, 용정(龙井) 등 지역은 동북아지역에서 경제가 번성하고 무역거래가 활발한 도시로 거듭났다. 이 시기의 길림성은 비록 "내륙성"이었으나 두만강을 통해 동해로 진출할 수 있었으며 해상무역을 발전시킬 수 있었다. 1983년에는 소련과 일본 양국이 장고봉(张鼓峰) 지역에서 군사충돌 사건이 발생하였으며, 그 후 일본은 두만강 항구를 봉쇄하였다. 두만강 항구가 봉쇄됨에 따라 바다에서의 어로활동과 해상 무역이 차단되고 20여 년간 운항하던 두만강 항구의 운항이 금지되었으며 길림성의 유일한 해양진출 통로가 봉쇄되었다. 이에 따라 길림성은 "근해 내륙성"으로 전락되었다. 그 후 50여 년이 지난 2019년에도 길림성의 두만강을 통한 해양진출은 이루어지지 못하였다.

2. '근해 내륙'에서 '국경 근해'로의 전환

　1980년대는 개혁개방의 시대로 중국 연해지역은 대외개방을 확대하고 가속화하였다. 그 당시 길림성은 대외적으로 국제경제 및 산업기술의 변화로 인한 압박이 있었고, 대내적으로는 대외개방 추진에 따른 경제 패러다임의 변화에 처해있었다. 개혁개방정책의 추진으로 인해 중국 동남부에 위치한 연안지역은 다른 지역에 우선하여 경제 발달을 이루어냈으나 길림성은 두만강 항구를 통한 해양진출 방안을 모색하는데 중점을 두었다. 1984년 길림성은 "해양진출 통로를 확보함으로써 태평양으로 진출하자"는 전략을 내세웠고, 1988년 중공 길림성 위원회는 중앙정부에 "내륙성"이 아닌 "근해성"으로 지정할 것을 제안하였다. 아울러 1991년 길림성은 "국경 근해성"의 개념을 사용하였다. 훈춘은 길림성에서 동해(일본해)와 가장 가까운 곳에 위치한 항구도시로서 길림성이 "국경 근해성"으로 거듭나기 위한 핵심지역으로 부상하였다. 1991년 10월 유엔 개발계획(UNDP)은 두만강지역을 유엔 개발 원조계획의 주요과제로 지정하고 훈춘시를 거점지역으로 초국경 자유무역구를 건설하고 이를 기반으로 지역 내의 국제협력을 적극 추진하였다. 1992년 3월 9일 국무원은 훈춘시를 대외개방 국경도시로 승인하였으며, 같은 해 9월 국무원은 훈춘국경경제협력구를 국가급 개발구로 승격하여 길림성을 국내 최초의 "근해" 국제교류 플랫폼으로 확정하였다. 1994년 중공 길림성위원회 제6차 3중 전회에서 "발달한 국경 근해성 건설에 관한 종합전략 요강(建设发达边疆近海省总体战略纲要)"을 승인하였으며 "국경 근해성"건설에 관한 구체적인 전략이 수립되었다. 이에 따르면 동해와 발해를 향하여 두 개의 경제벨트(수평, 수직)를 구축하고, 산업 업그레이드(产业升级) 및 전반적인 산업구조의 업그레이드를 목표로 한다. 아울러 기존의 길림성 발전계획과 "국경 근해성"건설에 관한 구상을 연계하여 추진함으로써 길림성의 발전 수요에 부합하도록 조정해나갔다. 그러나 정책 운영에 있어서 두만강을 통한 해양진출의 문제를 해결할 수 없었다.

3. '국경 근해(边疆近海)'에서 '변방 통해(沿边通海)'로의 전환

길림성의 "국경 근해성"건설 구상은 다년간의 시행을 통해 소정을 성과를 거둔 반면에 시행착오도 있었다. 길림성 "국경 근해성"건설 구상은 대내외적 정세 및 지역의 특징에 기반한 것으로 제2차 중국 대외개방 수요에 부합하는 정책이며 두만강 지역개발에 관한 유엔 개발계획 전략구상에도 부합하는 정책이다. 그러나 아쉬운 점은 길림성의 "국경 근해성"건설에 관한 정책 이념과 고집은 진정한 해양진출을 저해하고 있다는 것이다. 또한 길림성은 고립된(单打独斗) 대외개방 및 경제건설 정책으로 인해 국가의 전반적 대외개방 전략에 융합되지 못하고, 동북아지역의 복잡한 정치, 안보 정세로 인해 길림성의 "국경 근해성"건설사업의 진척은 매우 느렸다.

현재 중국정부는 "일대일로"건설과 "새로운 동북 부흥전략"을 시행하고 있는데 이는 길림성에 있어서 새로운 발전의 기회라고 할 수 있다. 길림성은 위치 재정립을 통해 국가의 전반적인 발전전략에 융합되어야 한다. 2016년 9월 종전의 국가해양국은3) 길림성을 "변방 통해성"으로 위치 정립할 것을 건의하였고, 길림성도 이에 동의하였다. 아울러 러시아의 자루비노항(扎鲁比诺港) 프로젝트와 두만강 해양진출 프로젝트를 "중국 해양사업발전 13차 5개년 계획(中国海洋事业发展"十三五"规划)"에 포함시켰으며 길림성과 공동으로 "일대일로"전략의 북방지역 시행계획을 추진할 것을 확정하였다.4)

2018년 2월 26일, 종전의 국가해양국과 길림성 인민정부는 북경에서 "전략협력의 틀에 관한 협약(战略合作框架协议)"를 체결하였으며 쌍방은 해양경제를 발전시킬 것에 대해 합의하였다.5) 국가해양국은 11개 연해성(구, 시)과

---

3) 2018년 8월 국무원 조직개편에 의해 국가해양국은 폐지되었으며, 통합부처인 자연자원부 신설. 이하에서는 "종전의 국가해양국"을 "국가해양국"으로 칭한다.
4) 马当先, 延边州加快建设"一带一路"向北开放窗口走笔[N].吉林日报, 2016-09-20.
5) 国家海洋局与吉林省人民政府签署战略合作框架协议助力吉林打造"向海经济"[EB/OL]. http://www.soa.gov.cn/xw/hyyw_90/201802/t20180227_60463.html (浏览日期: 2018年12月29日)

녕파(宁波), 심천(深圳), 칭다오(青岛), 다롄(大连), 샤먼(厦门) 등 5개 계획도시(11+5)에서 해양산업을 육성하도록 규정하였다. 길림성은 국가에서 규정한 해양관련 도시에 편입될 수 있도록 노력하고 있을 뿐더러 연변자치주(지방급 도시)를 전국 해양도시 시스템에 포함시킴으로써 "12+6"시스템을 구축하고자 한다. 길림성 "변방 통해성"의 신분 전환을 위해 관련 연구과제 수행하고, 인프라 구축, 해양산업 발전전략을 수립하여 추진하고 있다. 특히 훈춘시는 해양산업 육성에 있어서 소기의 성과를 거두었다. 중국은 "일대일로"구상의 일환으로 러시아와 협력하여 "빙상 실크로드(冰上丝绸之路)"건설을 추진하고 있으며, 이에 따라 훈춘시는 동해로 진출할 수 있는 유일한 출구로서 중요한 역할을 하게 될 것이다.

Ⅲ. 길림성 해양경제 발전의 중요한 의의

해양진출을 통해 부흥하는 것은 역사의 법칙이다. 길림성이 해양경제를 발전시킴에 있어서 국경지역에 위치한 지리적 우월성을 가졌을 뿐만 아니라 지역경제의 활성화에 기여하고 나아가 국가 경제발전에 기여하기 위함이다. 또한 두만강을 통한 해양진출 통로를 확보함으로써 해상무역 통로를 확보하고 지역해의 경제 번영, 해상무역의 활성화를 실현하기 위함이다.

1. '국경 통해성'으로 자리매김

길림성은 "국경 통해성"으로 지리적으로 절대적 우월성을 가지는바 이는 해양산업의 육성과 발전 및 길림성의 경쟁력 제고에 있어서 매우 중요하다. 길림성은 동북아지역의 핵심 지역으로 북쪽으로는 흑룡강성과 접해 있고 러시아의 극동지역을 향하고 있으며, 동쪽으로는 동해에 접해 있다. 따라서 길림성의 해양진출 통로를 개통할 경우 해양산업의 육성과 발전, 길림성의 경제발전

그리고 중국 동북지역의 경제발전에 있어 중요한 역할을 하게 될 것이다. 아울러 중국, 러시아, 북한 3국의 접경지역에 위치한 훈춘시는 길림성의 동대문(东大门)으로 창지투개발개방선도구(长吉图开发开放先导区) 의 최전방에 위치하여 있다. 이는 길림성의 대외개방 정책 추진에 있어서 특별한 의미를 가진다고 할 수 있다.

접경지역에 위치한 항구 등 세관통로의 분포에 대해 살펴보면, 훈춘시는 4개의 국가1급 육로 세관통로(口岸)를 확보하고 있으며 그중 장령자도로 세관통로(长岭子公路口岸)과 훈춘철도 세관통로(珲春铁路口岸)은 러시아와 연결되어 있으며 본 세관통로를 통과하여 러시아를 방문하는 관광객수가 증가하고 있으며 상품거래 및 교역이 활발히 이루어지고 있다. 훈춘시와 북한을 연결하는 도로 세관통로에는 권하 세관통로(圈河口岸)와 사타자 세관통로(沙坨子口岸) 등 2개소가 있다. 유엔이 대북제재를 가하기 전에는 이 통로를 이용하는 관광객이 많았고 북한의 수산물 수입도 활발히 진행되었다. 그러나 유엔 대북제재 이후 중국은 유엔 안전보장이사회의 상임이사국으로서 유엔의 대북제재를 철저히 준수할 의무가 있기 때문에 중국과 북한과의 무역거래는 큰 타격을 받게 되었다.

훈춘에는 러시아, 북한과의 접경지역에 10여개 소의 크고 작은 항구가 있다. 훈춘시는 러시아의 자루비노항(扎鲁比诺港), 블라디보스토크, 나홋카 항, 동방항과 각 71km, 170km, 340km, 350km 떨어진 곳에 위치해있다. 또한 훈춘시는 북한의 선봉항, 나진항, 청진항과 35km, 48km, 127km 떨어진 곳에서 위치해있으며, 한국의 속초항, 부산항 그리고 일본의 니가타항(新潟港), 아키타항(秋田港), 가나자와항(金泽港)과도 가까운 거리에 위치해있다. 다시말하자면 훈춘시는 중국, 러시아, 북한, 한국, 일본 등 5개 국가를 연결하는 중요한 위치에 있는바, 동북아와 유라시아 대륙을 연결하는 지리적 우월성을 가진다. 또한 훈춘시는 육상과 해상을 통합하는 교통체계를 구축함으로써 동해(일본해)를 활용한 일본시장의 진출을 가능하게 할뿐더러 보다 광범위한 대양을 항행하여 북미, 북유럽시장으로의 진출을 가능하게 한다. 길림성은 이와 같은 지리적 우월성을 기반으로 해양산업을 발전시키는 것을 경제발전의 주요 과제로 선정하고 있다.

2. 해양경제의 발전은 강국강성(强国强省)의 길

해양진출은 경제개방 및 발전에 있어서 필연적인 선택이다. 21세기에 들어서 글로벌 경제의 발전과 역내 경제 단일화(区域经济一体化)와 더불어 해양산업은 국가경제 및 국가안보에 있어서의 중요성이 날로 증가하고 있다. 특히 해양선진국을 중심으로 해양산업의 육성 및 고도화를 통해 해양산업에 대한 투자를 확대하고 있다. 예컨대 바다에서의 어로어업, 해양관광산업, 해양자원개발 등 해양산업 육성을 통해 국가 경쟁력을 제고하기 위해 노력하고 있다. 최근에 해양영토의 확보 및 해양자원 개발권을 둘러싼 국가 간의 치열한 경쟁은 해양의 중요성을 잘 보여주고 있다고 해도 과언이 아니다.

중국 개혁개방의 역사를 돌이켜 보면, 동부 연안지역에 위치한 지역은 특수한 지리적 우위를 활용하여 급속한 경제의 발전을 이루어냈다. 동부 연안지역의 국토면적은 전국 면적의 30%에 불과하나 전국 인구의 40% 이상이 거주하고 있으며, 전국 50%이상의 대도시가 밀집되어 있고, 지역 생산총액이 국가 GDP의 70%이상을 차지하며, 해외투자의 80%이상을 유치하고 있으며 90% 이상의 해외 수출제품을 생산하고 있다. 2017년 기준 중국 각 성시별 GDP 순위 통계자료에 의하면 광동성이 제1위를 차지하고 다음으로 강소성, 산동성, 절강성의 순으로 나타났다. 이와 같이 GDP 순위 1위에서 4위까지의 성은 모두 연안지역에 위치해 있으며 중국 해양경제 및 해양산업이 가장 발달한 지역이다. 비록 길림성은 기타 연안지역에 위치한 지역과 비교하여 지리적 접근성이 떨어지나 해양경제 및 해양산업을 발전시키기에 필요한 여건이 부족하다는 것은 아니다. 현재 길림성과 러시아 극동지역, 북한과 수산물 수출입 및 가공에 관한 무역거래 기반을 조성하고 있다. 훈춘시의 경우 수산물 거래가 활발히 이루어지고 있는데, 수산물 가공업의 연간 생산액은 90억 위안에 달하고, 일자리 창출 8000여개를 돌파하였다.[6] 이로부터 알 수 있는바 중국 연안지역의 경제발전 성과와 경험 그리고 길림성의 경제발전 추세에 대한 분석을 통해 현 단계에서 길림성이 해양경제를 발전시키는 것이 바람직하다. 아울러 중국의 동북지역의 전반적인 개방수준으로 제고함으로써 동북아 국가와의 경제협력을 강화하고, 공동번영의 진정한 기틀을 마련할 수 있을 것으로 판단된다.

3. 두만강 해양진출 통로의 확보, 상업항운 회복에 유리함

청정부가 동해(일본해) 연안영토를 상실함에 따라 두만강 항구는 중국이 동해(일본해)로 나아가는 유일한 항로로 되었다. 그러나 두만강 항구는 열려있는 항구이나 활성화되지 못하고 있다(通而不畅). 이러한 문제점은 특수한 역사적 배경 하에 형성된 것이나 장기간 정부와 인근 주민들의 관심을 받지 못한 것이야 말로 근본적인 원인이라 하겠다. 두만강 항구가 봉쇄된 이후 국제연합과 국가 차원에서의 시범운항활동 외에는 상업적인 활동을 위한 운항이 이루어지고 있지 않은 관계로 점점 잊혀져가고 있다. 또한 훈춘시는 길림성 해양경제 발전의 거점지역으로 두만강 하류지역과 연계된다. 그러나 훈춘시는 직접 바다와 인접하고 있지 않은바 해양경제를 발전시키기 위해서는 러시아, 한국, 북한·일본 등 주변국가와의 협력을 강화하는 방법을 채택해야 하며, 두만강을 통한 해양진출 통로를 확보함으로써 주변국가와의 무역거래를 활성화하는 방안을 채택하는 것이 바람직할 것이다. 즉 길림성과 환동해권 국가와의 경제협력은 길림성의 해양경제 육성 및 고도화에 유리하게 작용할 것이다. 따라서 두만강 항로의 활성화, 정상 운영은 환동해권 국가의 공동의 수요일 것으로 판단된다. 길림성은 두만강 항로의 활성화 및 정상 운항을 위해서

---

6) 珲春的"海鲜经济"带动8000人就业[EB/OL]. http://www.yanbian.gov.cn/tplt/xl2012031611081743.jsp?infoid=62902 최종 방문일자 2018년12월30일)

해양경제 발전 및 육성에 박차를 가해야 할 것이다. 두만강 항로의 활성화는 역내 무역거래의 활성화에 큰 의미를 가지며, 상업 항로의 개통, 역내 경제의 번영에 기여할 것이다.

IV. 길림성 해양경제 발전의 중점 조치

길림성은 해양경제의 육성 및 발전에 필요한 철도, 도로 등 교통망과 함께 통관절차 편의 제공 등 개발개방에 유리한 여건을 조성하기 위해 노력하고 있다. 아울러 새로운 출입국정책을 발표하여 관광산업을 적극 발전시키기 위한 구체적인 조치를 취하고 있다.

1. 교통망 구축은 상호 간 연계(互联互通, interconnection) 강화에 유리하다

철도, 도로 등 교통 인프라는 경제건설과 국제협력에 있어서 매우 중요한 요소 중 하나이다. 현재 두만강 항로의 완전한 운항이 불가한 상황에서 육지와 바다를 연결하는 통합적인 교통 인프라 건설에 집중해야 한다. 교통 인프라의 구축은 길림성이 해양경제를 발전시킴에 있어서 중요한 역할을 하게 될 것이며 창지투(长吉图)지역의 개발 및 개방에 필요한 전제이다. 창지투개발개방선도구전략(长吉图开发开放先导区战略, 이하 '창지투 전략'으로 칭함)은 훈춘시를 북중러 경제협력 및 환동해권 개방에 중요한 창구로 삼았다. 아울러 연길(延吉), 용정(龙井), 도문(图们)시를 우선 개방지역으로 지정하고, 장춘(长春), 길림(吉林)시를 배후지역으로 지정함으로써 개발과 개방정책을 시행해 나갈 계획이다. 지역분포 현황을 살펴보면, 창지투개발개방선도구와 길림성 해양경제발전구는 상당한 부분이 중복되는바 기존의 창지투개발개방선도구 건설을 위한 교통 인프라는 해양경제발전을 위해 편의를 제공할 수 있다.

창지투 교통망 구축은 러시아 극동지역, 북한 북부의 항구와의 연결사업을 포함하는 "동진서연(东进西连)"전략에 의해 추진되었다. 그밖에도 몽골과 동해를 연결하는 중국 동북경제구 건설에 관한 중국-몽골 국제운송통로 건설사업과 장춘 룽쟈공항(长春龙嘉机场) 등 항공운송물류통로 등도 포함된다. 유의할 점은 현재 연변자치주는 북한 나진, 러시아 자루비노항, 블라디보스토크를 연결하는 전문 도로와 철도를 확보하고 있다. 2014년부터 훈춘-마할리노철도(珲春-马哈林诺铁路)가 정상 개통되었으며 훈춘-클라시노도로(珲春-克拉斯基诺公路)도 정상 개통되어 운행하고 있다. 아울러 길림성은 훈춘-자루비노항-속초·부산·니가타(新潟) 등 항구를 연결하는 항로를 개통하였다. 이는 중국, 한국, 일본, 러시아 4개 국가를 연결할 수 있는 항로로 앞으로 역내 무역거래 활성화에 있어 큰 의무를 가진다. 2016년에는 훈춘-자루니보항-부산항을 연결하고 한미 FTA를 기반으로 미국시장에 수출할 수 있는 기회를 마련하였다.

공항건설과 관련하여, 장춘 룽쟈공항 확장사업을 준공하였으며 연길공항도 다수의 한국 공항 간의 항공편이 운항되고, 러시아와 일본 간의 노선을 취항하고 있다. 취항 노선에는 대체로 한국의 인천, 부산, 대구, 제주도 그리고 러시아의 블라디보스토크, 일본의 오사카 등이 있다. 또한 창지투전략을 시행함에 따라 길림성은 도로, 항구, 교량, 세관 통로, 항공(취항 노선) 등 다양한 교통망 확충을 통해 대외개방 및 해양경제협력을 위한 기반을 마련하고 있다.

2. "선행선시(先行先试)"를 기반으로 통관신고 간편화 시행

통관신고 절차의 간편화, 간소화는 개방형 경제를 추진함에 있어서 중요한 전제조건이라고 할 수 있다. 그러나 길림성은 아직까지 러시아와 북한 접경지역에 세관통로 및 출입국관리사무소를 설치하지 않은 상태이다. 창지투지역 국가의 우선 개방 및 대외개방 우대정책에 힘입어 통관신고 절차 간편화 등 조치를 추진함으로써 관련 분야의 경험과 노하우를 축적해가고 있다. 첫째, 훈춘은 통관 유형화, 종이 없는 사무 통관절차(无纸化通关), 선적 화물 명세서 개혁 등 통관절차에 대한 대폭적인 개혁을 추진하였다. 상거래 주체는 인터넷 신청을 통해 통관수속, 세관 신고 포트, 통관 포트 등을 선택할 수 있으며 수출입 화물 물류운송을 자주적으로 선택함으로써 세관 및 운송·물류비용을 감소하고 세관 신고의 효율성을 제고할 수 있다. 훈춘시 세관은 냉동수산물 등 특별한 관리가 필요한 수출입 제품에 대해 사전예약 통관, 초과근무 검사, 물류유통단지 보관창고 우선 사용 등 특별 서비스를 제공하고 있다.[7]

둘째, 훈춘시 세관 및 출입국검험검역부서는 권하세관을 시범으로 합동검사를 추진함으로써 통관절차, 통관시간, 통관비용을 단축하고 행정업무의 실효성을 제고하기 위해 노력하고 있다. 종전의 통관시스템에 의하면 세관이 통관절차에 대한 신고, 서류접수, 최종 승인을 진행하고, 출입국검험검역부서에서 수입·수출 물품에 대한 세부적인 검사를 진행하는 시스템인바, 새로이 도입된 제도는 세관과 출입국검험검역부서는 하나의 세관 신고에 대해 세관신고 서류 및 정보를 공유하고 합동하여 검사 및 감독·관리함으로써 통관절차를 간소화하고 시간과 비용을 절감하는 것이다.[8] 필요한 경우에는 세관 신고 차량(운송차량)에 대한 세관통로에서의 현장 조사 및 서류 검토를 바탕으로

---

7) 珲春海关力促通关便利化助推珲春新跨越[EB/OL]. http://www.hunchunnet.com/archives/21500/浏览日期：2019年1月3日)
8) 珲春海关开展10项重点工作助推示范区发展[EB/OL]. http://www.customs.gov.cn/tabid/2433/InfoID/734618/frtid/49694/settingmoduleid/126745/Default.aspx（浏览日期：2019年1月3日)

현장에서 바로 통관을 승인하고 차량 통과를 허용하는 간편화 절차를 취하고 있다. 이러한 세관신고, 서류 검토, 현장 검사 등 세관절차 간소화 조치는 국경 무역의 활성화 및 통관 업무의 효율성 제고에 있어 큰 역할을 하였다. 훈춘시 세관은 러시아, 북한, 한국 등 주변국가와의 협력을 강화하여 "정보교류, 법집행 및 감독·관리 협력"을 강화하고 통관절차 간소화를 시행함으로써 수출 경쟁력 제고를 위해 노력하고 있다.

셋째, 훈춘 국제협력시범구 통관서비스센터(琿春國際合作示范區通關服務中心)를 설립하여 세관 및 검험검역부서의 업무를 통합하여 수행하도록 하였다. 또한 세관통로 인근에 수출입기업을 위한 임시 사무공간을 마련하여 세관신고 등 업무처리를 위한 편의를 제공하고, 은행 등 금융센터 사무처를 배치함으로써 금융문제 해결에 도움을 주고 있다.

넷째, 연길공항국제우편물관제센터(延吉空港國際快件監管中心)를 설립하여 항공편으로 수입·수출되는 물품에 대한 통관검사를 실시하였다. 본 센터 설립 이전에는 항공편으로 수입·수출하는 물품을 북경, 청도, 대련 등 관련 세관에 이송하여 검사를 의뢰하였으나 센터 설립이후 연길에서 검사가 가능하게 되었다. 이로 인해 통관검사에 소요되는 시간을 대폭 줄일 수 있게 되었으며 운송비용도 저감하는 효과를 가져왔다. 이러한 통관절차 개혁을 통해 길림성은 초국경 전자상거래의 활성화, 투자기업 유치, 해외직구 등 새로운 무역거래를 활성화려는 정책을 채택하였다.

다섯째, 연길공항은 훈춘세관, 검험검역부서와 협력하여 공동으로 통관업무를 수행하는 시스템을 구축하였다. 훈춘세관은 중국 동북지역에서 최초로 스텔스 검사("隐形"查驗)를 시행함으로써 훈춘시를 방문하는 관광객과 무역거래, 전자상거래를 위해 통관검사의 편의를 제공하였다. 이러한 통관절차 및 업무의 개혁은 앞으로 길림성이 해양경제를 육성하고 발전시키기 위한 기반을 마련하고 경제적인 이익을 창출하는데 도움이 될 것으로 판단된다.

3. 개방·개발정책과 지역 경제협력 강화

　창지투 교통망 건설은 길림성의 대외개방 및 국제무역거래를 활성화하는 계기가 되었다. 나아가 대외개방, 지역경제, 국제무역거래의 활성화는 역내 경제협력을 촉진하였다. 또한 해양경제협력을 역내 경제협력의 핵심으로 하고 있다는 점은 환동해권 역내 경제협력의 특징이라고 할 수 있다. 유엔개발계획(UNDP)에서 추진하는 두만강지역 국제협력계획사업 또한 길림성의 대외개방을 가속화하는데 기여하였다. 1992년 국무원은 훈춘국경경제협력구(珲春边境经济合作区) 건설을 승인하였으며, 훈춘국경경제협력구 건설을 통해 국내외 산업 이전, 국가 및 지역 경제 주요과제를 수행하는 플랫폼으로 육성하였다. 훈춘국경경제협력구 내에는 수산물가공단지를 건설하여 훈춘지역의 수산물 가공 및 관련 산업의 정착을 위한 여건을 마련하였다. 현재 훈춘은 수산물을 수입하여 현지에서 가공한 후 다시 해외로 수출하는 산업인프라를 구축하였다. 특히 러시아, 북한으로부터 수입한 수산물을 훈춘국경경제협력구에서 가공하여 다시 육로와 해상운송통로를 통해 러시아, 한국, 일본, 유럽과 미국 등 선진국으로 수출한다.

　통계자료에 따르면 세계에서 판매되는 오징어채(鱿鱼丝)의 약 절반은 중국 길림성 훈춘에서 가공한 제품이라고 한다. 수산물 가공을 중심으로 하는 대규모 수산물 가공산업이 훈춘시에서 육성 및 발전되고 있다. 그러나 유엔안보리의 대북제재에 따라 북한으로부터 오징어 수입이 전면 금지되어 훈춘시 수산물 가공기업의 경영에 심한 타격을 주었다. 이러한 문제해결을 위해 중국과 러시아는 "캄차카—자루비노—훈춘(堪察加—扎鲁比诺—珲春)" 수산물 수입 통로를 개통하여 러시아로부터 수산물을 수입하게 되었다. 본 수산물 수입 통로는 종전에 러시아산 수산물 수입 시 한국 부산항을 경유하던 번거로움을 해소하였을 뿐만아니라 운송비용 또한 크게 절감하였다. 2017년 훈춘시는 러시아로부터 킹크랩 등 포함한 수산물 45만 톤을 수입하였는데 거래금액은 90억 위안에 달한다. 2010년 1년간 러시아로부터 수입한 수산물 총액은

2,000만 위안에 달한다.9) 현재 훈춘국제협력시범구 수산물가공단지에는 동양실업(东扬实业), 연태대진(烟台大宸), 홍오식품(洪昊食品), 흥양수산(兴阳水产) 등 78개의 수산물가공업체가 상주하고 있고, 샹정수출입무역(祥正进出口贸易), 비비애수산무역(比比爱水产贸易), 영홍무역(永洪贸易)을 대표로 하는 116개의 무역회사가 입주해 있으며, 기타 수산물 가공 및 판매에 관한 개인사업자 400여개가 있다.10) 이중 적지 않은 회사가 미국, 유럽의 관련 인증을 취득하였고, 홍오(洪昊), 대진(大宸), 성해(盛海) 등 가공기업은 유럽, 미국, 러시아, 한국에서 지사를 등록하였는바 앞으로 해당 국가로의 수산물 수출이 보다 증가할 것으로 판단된다. 2018년 1월부터 7월까지 훈춘시는 러시아에서 3,000톤 이상의 신선한 꽃게를 수입하였는데 이는 전년 대비 464% 증가하였으며, 거래금액은 5.49억 위안에 달한다.11) 이와 같이 국가의 개혁개방 정책 시행과 함께 "국경 통해성"의 지리적 우월성을 기반으로 훈춘시는 수산물 가공을 중점 산업으로 육성하여 해양수산업을 적극 발전시키고 있으며, 해양수산업의 발전은 지역경제 활성화의 촉매제로 작용하고 있다. 이로부터 알 수 있는바 길림성 동부지역은 "녹색성장"정책을 시행함과 동시에 "해양진출"전략을 적극 추진하고 지속가능한 "블루 경제"발전을 위해 노력하고 있다.

4. 출입국 정책 개정 및 접경지역 해양관광의 발전

최근에는 국민소득의 증가로 인해 해외여행 수요가 증가하고 있다. 중국, 러시아, 북한 등 3국의 국경지역에 위치한 길림성은 지리적 위치로 인해 많은

---

9) 东北珲春2017年进口俄罗斯帝王蟹等海产品45万吨[EB/OL]. http://www.fishfirst.cn/article- 101139-1.html(浏览日期: 2019年1月16日)
10) 吉林珲春示范区水产加工园区 获批省级特色工业园区[EB/OL]. http://www.shuichan.cc/news_ view-305320.html(浏览日期: 2019年1月16日)
11) 边境小城珲春的俄罗斯海产生意经[EB/OL]. http://www.haichaninfo.com/news/show-58772. html(浏览日期: 2019年1月16日)

관광객의 관심을 모으고 있으며 국경 관광산업도 급속하게 발전하였다. 통계 자료에 따르면 2017년 길림성을 방문한 관광객수는 19,241.33만 명을 돌파 하였는데 그 중 국내 관광객 수는 19,092.90만 명이고, 해외관광객수는 148.43만 명에 달하였다. 해외관광객 즉 외국에서 방문한 관광객 중 외국국적 소지자(외국인)는 128.34만 명에 달한다. 2017년 관광산업의 총생산규모는 3,507.04억 위안에 달한다.12) 길림성 훈춘시 관광산업에 대한 통계자료에 의하면 2017년 350만 명의 관광객이 훈춘시를 방문하였고, 이로 인한 경제적 이익은 36.4억 위안에 달한다.13) 이로부터 알 수 있는바 길림성을 방문한 관광객 수가 꾸준히 증가하고 있으며 훈춘시는 3국 국경지역이라는 특별한 지리적 위치로 인해 많은 관광객의 관심을 모으고 있다.

길림성 공안청(公安厅)은 국경관광산업을 발전시키기 위해 새로운 출입국 관리조치를 발표하였으며, 해외관광객 유치를 위해 비자발급을 위한 "그린 채널"을 개통하여 비자 발급 등 편의를 제공하고 있다. 특히 단체 관광 비자를 신청하여 방문한 해외 관광객의 경우 기타 서류 없이 출입국이 가능하며, 비자 발급에 문제가 발생할 경우 현지 출입국사무소를 방문하여 비자 발급을 하도록 편의를 제공하고 있다. 그 밖에 길림성은 "온라인+공안" 등 스마트 안전시 스템을 구축하여 온라인 비자서류 심사를 진행하고 있다. 해외관광객이 길림 성 내에서 여행하는 동안 비자 등 관련 신분증을 분실할 경우 "그린 채널"을 개통하여 외국인에 대한 신속한 신분확인을 진행함으로써 출국절차를 돕고 있다. 또한 단체관광비자 신청 시 현장 방문, 여권 및 비자 배송 등 서비스를 제공함으로써 해외관광객 유치를 위해 행정적 편의를 제공하고, 비자신청에 필요한 시간을 단축하는 등 행정업무의 효율성 제고를 위해 노력을 기울이고 있다. 예컨대 길림성은 여권신청, 홍콩·마카오 통행증, 대만 통행증 등 관련

---

12) 吉林省2017年国民经济和社会发展统计公报[EB/OL]. http://www.jl.gov.cn/sj/sjcx/nbcx/tjgb/201803/ t20180328_4537577.html(浏览日期:2019年1月21日)
13) 2017年政府工作报告——2017年12月27日在珲春市第十八届人民代表大会第二次会议上[EB/OL]. http://www. hunchunnet.com/archives/44173/(浏览日期:2019年1月21日)

서류 신청에 필요한 처리기간을 종전의 7일에서 3-4개 영업일로 단축함으로써 행정의 효율성을 제고하였다. 이러한 행정절차의 개혁을 통해 길림성은 중국 국내에서 출입국을 위한 서류 신청 및 처리기간이 가장 짧게 되었으며, 행정의 편의 및 효율성 제고를 위한 조치를 취함으로써 길림성의 관광객 유치에도 큰 성과를 거두게 되었다.[14]

V. 길림성은 해양경제를 핵심으로 대외개방형 경제협력 추진

앞에서 서술한바와 같이 길림성은 해양경제 발전에 있어 큰 성과를 거두었으나 현재 해양경제 발전 규모와 수준은 여전히 미흡하여 지역경제의 구조를 변화시키기에는 역 부족인 듯하다. 길림성은 해양경제를 핵심으로 대외개방 및 역내 경제협력을 추진하고 있으며, 관련 경제발전 전략과 연계하여 산업구조 조정, 정부 행정조직기관 개편, 경제협력을 가속화함으로써 해양경제를 중심으로 동북아지역의 역내 경제협력을 추진하고 있다.

1. 해양경제 협력을 핵심으로 대외개방 추진

1990년대에 들어 유엔개발계획이 주도하는 두만강국제협력(광역두만강개발계획, GTI, Greater Tumen Initiative)에 의해 두만강 하류를 중심으로 동북아 지역의 교통, 에너지, 관광, 환경 분야의 개발과 투자 유치를 추진하고 있다. 두만강국제협력에는 한국, 중국, 러시아, 몽골, 일본 등 동북아 국가들이 참여 중이다. 길림성은 중국의 주요 참여 지방정부로서 대외 경제협력에 있어서 큰 성과를 거두었고 해양산업 규모도 점차 형성하게 되었다. 그러나 동북아의 복잡한 지정학적 이해관계와 국제정세의 불안정으로 인해 역내 국가

---

14) 我省成为全国办理出入境证件最快捷省份[EB/OL]. http://gat.jl.gov.cn/jwzx/ayw/201810/t201810_25_5199387.html(浏览日期 : 2019年1月6日)

들이 두만강국제협력에 대한 관심도가 떨어졌다. 비록 한중 양국이 지속적으로 추진하고 있으나 진척이 너무 늦다. 2014년 중국, 러시아, 몽골 3국 정상회담 시 시진핑 국가주석은 "중국, 몽골, 러시아 간의 경제협력을 일대일로의 빙상 실크로드 경제벨트 건설과 연계하여 추진하며, 러시아의 유라시아횡단철도, 몽골 초원의 길 이니셔티브를 연결하여 교통 인프라를 구축하여야 한다"고 제안하였다. 시진핑 주석의 제안은 러시아와 몽골 2개국 정상의 큰 호응을 얻었다. 이에 따라 중국, 러시아, 몽골 3국은 동북아시아를 경제공동체로 연결하기 위한 정책을 추진하고 있다. 또한 2017년 7월 시진핑 주석과 푸틴 러시아 대통령은 중국의 "일대일로"구상, "빙상 실크로드" 그리고 러시아의 북극항로 개척 및 북극 개발 전략과 연결하여 경제협력을 추진할 것에 합의하였다. "일대일로"전략의 주요 협력 창구인 길림성은 "빙상 실크로드 건설"사업에 적극적으로 참여하여 러시아와의 경제협력을 강화해야 할 것이다. 현재 길림성과 러시아는 전통 산업분야에서 활발한 협력을 추진하고 있으며, 길림성의 지리적 우월성을 바탕으로 국경 근해성의 특징을 살려 해양자원 개발, 시장 통합 및 시장경제 활성화를 추진하고 있다. 중국과 러시아가 공동으로 추진하는 "빙상 실크로드 건설"사업의 추진에 따라 길림성은 해양경제를 핵심으로 "연해통해성"으로서의 지리적 우월성을 바탕으로 러시아 극동지역과의 해양경제협력을 확대해나가고 있으며, 특히 길림성 동부를 환동해권 역내 해양경제협력구로 건설하기 위해 노력하고 있다.

2. "심해"진출을 위한 대내외적 협력

2018년 1월, 경준해 길림성장은 길림성 제13차 인민대표대회 제1차 회의에서 "실크로드 길림 통로 건설"에 관한 정책을 발표하였다.[15] "실크로드 길림"

---

15) 吉林省第十三届人民代表大会第一次会议[EB/OL].http://www.jl.gov.cn/zw/xwfb/xwfbh/2018xwf bh/jlsdssjrmdbdhdychy/(浏览日期：2019年1月17日)

이란 길림성이 "일대일로"전략에 융합하기 위한 정책으로 국내외 교통망으로 연결하는 정책이다. 현재 길림성은 동쪽으로 동해를 향하고 있으며 러시아와 북한과 국경을 인접하고 있고, 서쪽으로는 몽골, 러시아, 유럽을 접하고 있으며, 북쪽으로는 흑룡강성과 러시아를 향하고 있으며, 남쪽으로는 요녕성을 접하고 있어 발달한 광역교통과 물류망을 확보하고 있다. 따라서 길림성은 중국과 러시아정부의 "빙상 실크로드"를 통한 경제공동체 구축사업을 계기로 교통망 인프라를 확대하여야 하며, 동해로 나아가는 해양진출 통로를 다시 개통함으로써 동북아와 아시아 대륙을 연결하는 "육상+바다"교통망을 구축하여야 한다. 또한 해양분야의 긴밀한 협력을 위한 협의체계와 장기적이고 안정적인 해양협력 파트너 관계를 구축하여 "실크로드 길림"과 "일대일로"건설을 가속화하고 "빙상 실크로드"전략과 연계하여 대외경제 협력 다각화를 실현하여야한다.

개혁개방은 경제발전에 있어서 필요한 전제 조건이다. 길림성은 "대내외적 연결(内外联通)"에 필요한 여건을 마련하여 러시아, 북한과의 경제협력을 강화하여야 하며 이를 바탕으로 "심해"로의 진출을 추진해야 한다. 이를 위해서는 해양경제 협력을 매개로 삼고, 개방수준과 개방의 범위를 점차 확대하고, 환동해권에서 한국과 일본과의 경제협력을 적극 추진해야 하며 나아가 동북아 해양경제협력을 실현해야 할 것이다. "대두만창의(大图们倡议)"는 현재 동북아지역에서 유일한 국가 차원의 경제협력체계이나 동북아지역의 정치, 경제, 안보 등 지정학적 요소의 영향을 받아 역내 국가들이 경제공동체 형성 또는 경제협력을 추진하는데 있어 어려움을 겪고 있다. 그러나 환동해권에 위치한 거점도시를 중심으로 역내 국가의 지방정부간 협력은 국가차원의 협력에 비해 보다 순조롭다고 할 수 있다. 2019년 1월 기준 환동해권 거점도시 회의는 제24회를 맞이하였으며 중국, 한국, 러시아, 일본의 10여개 지방정부 간의 참여가 있었고, 교통망 인프라 구축, 무역거래, 도시 간의 교류 등 다양한 분야에 걸쳐 교류협력이 이루어지고 있다. 앞으로 길림성은 해양경제협력을 중심으로 역내 국가 간의 지방정부 협력을 적극 추진함으로써 동북아 해양경제공동체 형성을 위해 노력하고자 한다.

3. 길림성 외향적 산업경제의 새로운 발전방향 모색

현재 길림성 훈춘시에는 4개의 국가급 산업단지가 설립되어 있다. 1992년 9월 국무원이 승인한 훈춘국경경제협력구(珲春边境经济合作区), 2000년 4월 국무원이 승인한 길림 훈춘 수출가공구(吉林珲春出口加工区)(2016년에 종합보세구로 승격), 2001년 2월에 국무원이 승인한 훈춘 중-러 상호시장 무역구가 있으며, 2012년 4월에 승인받은 중국 두만강지역(훈춘)국제협력시범구(中国图们江区域(珲春)国际合作示范区)가 있다. 단시간에 다양한 국가급 경제개발사업이 훈춘시에 설립된 이유에는 여러 가지가 있겠지만, 가장 주된 원인 중 하나는 국가(중앙정부)가 길림성 경제발전에 대해 각별한 관심을 가지고 있기 때문이다. 또한 길림성 경제발전의 현실적 수요에 기인한 것이기도 하다. 길림성은 이와 같은 국가정책을 바탕으로 동북아지역의 대외개방 창구의 역할을 하기 위해 대외지향형 경제발전 전략을 적극 추진하여 관련 국가들과의 경제협력을 도모하고 있다.

길림성은 대외개방정책을 시행함에 있어서 "3단계"원칙을 채택하였는데, 이에 관한 주요 내용은 아래와 같다. 즉 기존의 추진과제를 확고히 하고 건설 중에 있는 건설사업을 가속화함으로써 미래 사업을 계획하는 것이다. 첫째, 초국경 수산물 가공산업 등 비교적 발달된 산업을 핵심으로 경제적 이익을 창출하고, 국제사회에서의 시장 경쟁력을 확보한다. 둘째, 훈춘국제협력시범구(珲春国际合作示范区)의 국제상물거래센터, 초국경무역(전자상거래)종합서비스산업단지(跨境贸易(电子商务)综合服务产业园), 국제농수산물거래센터(国际农副产品交易中心) 등 건설 중에 있는 사업의 진척을 가속화함으로써 중국과 러시아 간의 무역거래를 활성화하고, 나아가 주변 지역의 경제를 이끌어간다. 셋째, 길림성의 미래초국경협력사업계획(吉林省未来跨境合作项目)

을 수립하여 중국과 러시아 간의 해양경제협력, 해양관광업을 육성하고, 일본, 한국과의 환동해권 해양경제협력을 추진함으로써 역내 국가와의 해양경제 협력을 대외개방의 핵심과제로 선정하는 것이다.

4. 길림성 "국경 통해"계획 시행, 해양경제의 발전수준 향상

1990년대 이후 길림성은 "국경 근해성(边疆近海省)"의 개념을 제시하고 교통망 인프라 연결을 핵심으로 "국경 통해(开边通海)"전략을 추진하고 있다. 길림성은 창지투전략 시행에 따라 "동진서연(东进西连)" 교통망 인프라 건설에 있어 큰 성과를 거두었으나 서쪽을 연결하는 몽골의 "양산(两山)"철도(아얼산(阿尔山)-쵸바산(乔巴山))가 개통되지 못하였고, 동쪽으로 동해를 연결하는 두만강 해양진출 통로 또한 개통되지 못하였다. 이와 같이 길림성이 해양경제를 발전시킴에 있어서 지리적인 우월성을 갖고 있으나 "연안(沿海)"지역과 같이 직접 바다를 인접하고 있지 않아 실제적인 정책 추진에 있어 한계를 갖기 마련이다. 따라서 길림성이 해양경제를 발전시킴에 있어서 "근해(近海)"지역이 갖는 한계를 극복하여야 하며 "통해(通海)" 즉, 해양진출 통로 확보를 위해 박차를 가해야 할 것이다. 또한 기타 연안지역과 차별화된 해양경제 발전 전략을 수립하여야 하며 규모경제 보다는 질적인 향상을 위해 노력해야 할 것이다. 앞으로 길림성의 "국경 통해"전략을 추진함에 있어서 두만강을 통한 해양진출 통로 건설을 우선하여 추진하여야 하며 기존의 활용 가능한 중국과 러시아 간의 철도 및 항구를 적극 활용하여 우회적인 해양운송 통로를 개통함으로써 운송비용과 통관비용을 저감하여야 하며, 보다 많은 경제적 이익을 창출하여 길림성 해양경제의 질적인 향상을 실현하여야 한다. 아울러 중앙정부에서 추진 중에 있는 "일대일로"전략과 연계하여 길림성 북쪽 지역과의 경제협력을 확대하고 지역 간 경제협력을 강화하고, 나아가 동북아 해양경제협력을 활성화해야 한다.

환항해 지역경제협력과 수산자원관리

03
요녕성 해양경제 발전 및 지역협력에 관한 연구

禹穎子(Yu Yingzi)

요녕성 해양경제 발전 및 지역협력에 관한 연구

禹穎子(Yu Yingzi*)

국문초록

    우리들은 21세기를 해양의 시대라고 말하고 있다. 해양은 지구상의 인류에게 주어진 최후의 자원보고로 무한 잠재력을 지닌 해양자원을 가지고 있다. 최근 중국정부는 해양경제의 중요성을 인식하여 해양강국 건설, 일대일로 건설 등 해양 관련 정책을 제시하고 해양경제를 국가발전전략으로 채택하였다. 요녕성은 중국의 바다와 인접해 있는 주요 해양성(海洋省)으로 해양경제를 발전시키기 위한 지리적 우월성을 가지고 있을뿐더러 자원이 풍부하고 정부의 정책적 지원에 힘입어 해양경제 발전에 있어 가시적 성과를 거두었다. 또한 요녕성과 한국은 바다를 사이에 두고 마주하고 있는바 해양 분야에서 다양한 협력수요가 존재하며 해양경제 협력 강화를 위한 무한한 잠재력을 가지고 있다.

키워드: 요녕성, 해양경제, 발전, 한중협력

---

* 요녕성사회과학원 한반도연구센터 연구원, 국제경제학박사.

Ⅰ. 들어가면서

해양경제는 "블루 경제"라고 불리는데 이는 해양자원의 개발, 해양공간의 활용을 포함한 모든 생산 활동을 포함하는바 직접 또는 간접적으로 해양자원 및 해양공간을 이용하는 모든 생산 활동을 포함한다. 중국정부는 경제발전에 있어서 해양의 중요성을 인식하고 해양강국 건설, 일대일로 정책 등 다양한 정책을 수립하여 시행 중에 있다. 특히 중국공산당 제19차 보고회에서 "육해 통합원칙을 준수하고 해양강국 건설을 가속화하며, 일대일로 건설을 핵심으로 해외투자 유치와 해외진출을 병행하며, 공동 협의, 공동 건설, 성과 공유의 원칙을 바탕으로 개방과 협력을 강화하고 육상과 바다를 연결하고, 동서(東西)를 연결하는 개방구도를 조성할 것"을 제안하였다. 현재 해양경제는 국가경제의 미래이자 핵심이 되었으며, 이론적인 연구단계에서 벗어나 실천의 단계에 진입하였다고 할 수 있다. 요녕성은 중국의 주요 해양성으로 근해에 해양자원이 풍부하고, 지리적 우월성을 확보하고 있으며, 해양경제 발전에 대한 국가의 대폭적인 정책지원을 받고 있다. 또한 요녕성과 한국은 바다를 사이에 두고 마주하고 있는바 해양 분야에서 다양한 협력수요가 존재하며 해양경제 협력 강화를 위한 무한한 잠재력을 가지고 있다.

Ⅱ. 요녕성 해양경제 발전의 기본 여건

1. 지리적 우월성

요녕성은 중국 최북단에 위치한 연안성(沿岸省)으로 황해와 발해에 인접해 있으며 북쪽은 광활한 동북지역을 접하고 있다. 요녕성은 일본, 한국과 바다를 사이에 두고 마주하고 있으며, 북한은 강을 사이에 두고 마주하고 있으며 중국 동북지역이 세계로 향하는 유일한 해양교통로이다. 또한 요녕성은 북쪽으로 몽골, 러시아 극동지역과 시베리아와 연결되며 남쪽으로는 동남아의 해상교통로와 연결되며, 서쪽으로는 중국의 유라시아 대륙교의 동쪽 끝단과 연결되어 유럽대륙과 아시아대륙을 연결하고, 동북아지역과 아세안지역을 연결하여 지역 간의 무역거래와 문화교류를 활성화하는 국제채널(国际通道)이다.

요녕성 해안선은 동쪽의 압록강 하구에서 시작하여 서쪽의 수중현(绥中县) 노룡두(老龙头)까지 이어지는데 해안선 총길이가 2,920km이며, 관할해역 내 도서의 해안선 길이는 627km이다. 도서 면적이 500㎡이상인 도서가 356개 이상이며, 총 면적은 191.5㎡이다. 관할해역 내 도서의 80%이상이 북황해에 위치해 있으며 기타 도서는 요동만 연안 해역에 위치해 있다. 요녕성 관할해역의 면적은 68,000㎢에 달하며 요녕성 육지면적의 45.7%를 차지하고, 연해 15m등심선 이내의 해역면적은 14,000㎢에 달하며, 연안갯벌 면적은 860㎡에 달한다. 연안해역 중 천해(浅海)의 면적은 2,670km이며 그 중 수산양식에 적합한 수역의 면적은 600km이다. 요녕성의 연안에 위치한 지급시(地级市)는 6개인데, 이에는 대련(大连), 단동(丹东), 진주(锦州), 영구(营口), 판금(盘锦), 후루다오(葫芦岛)가 있다. 그밖에 동강(东港), 장하(庄河), 보란점(普兰店), 개주(盖州), 와방점(瓦房店), 령해(凌海), 흥성(兴城) 등 7개의 현급시(县级市)가 연안에 위치해 있고, 장해(长海), 판산(盘山), 대규(大洼), 수중(绥中) 등 4개의 현(县)이 연안에 위치해있다. 또한 연안지역에 위치한 6개 지급시에 속한 사하구구(沙河口区), 서강구(西岗区), 중산구(中山区), 감정자구(甘井子区), 시순구구(施顺口区), 금주구(金州区), 대련경제기술개발구(大连经济技术开发区), 금주경제기술개발구(锦州经济技术开发区), 노변구(老边区), 발어권구(鲅鱼圈区), 용강구(龙港区), 연산구(连山区) 등 12개의 하부행정구역이 연안에 위치해 있다.[1]

최근 요녕성 연해지역과 주변국들과의 경제협력은 점차 증가하는 추세를 보이고 있으며, 중국 대외개방의 중요한 지역으로 자리를 잡아가고 있다. 현재

---

1) 2017辽宁年鉴, P.65-66.

요녕성은 해양수산, 항만운송, 해양관광, 석유개발, 해양화학공학 및 무역산업을 핵심으로 하는 해양산업체계를 구축하였으며, 해양경제의 연간 생산규모가 점차 증가하고 있는바, 해양대성(海洋大省)에서 해양강성(海洋强省)으로 거듭났다.

2. 풍부한 자원적 우위

1) 자연자원

요녕성 연안 및 근해해역에는 520여종의 해양생물이 생존하고 있는데, 그 중 부유생물이 107종, 저서생물이 약 280종, 유영생물에는 두족류(头足类)와 포유동물이 약 137종이다. 현재 요녕성 연안해역에는 80여종의 경제성어종이 어획되고 있는데 이에는 어류, 새우, 두족류 등 경제성 생물자원이 생존하고 있으며 수많은 희귀생물종이 있다. 또한 요녕성의 젓새우, 참새우, 해파리 어획량은 전국에서 3위를 차지한다.

해양광물자원의 종류가 풍부하고 광범위하게 분포되어 있는데, 현재 탐사 및 개발 중에 있는 광물자원에는 석유, 천연자원, 철, 석탄, 유황, 암염, 중사광, 다금속 광상 등이 있다. 그러나 석유와 천연가스는 주로 요동만에 분포되어 있으며, 석유 자원량은 6억 ~ 7.5억 톤에 달하고, 천연가스 자원량은 약 1,000억㎥에 달한다. 연안사광(해사)에는 금강석(金刚石), 사금(沙金), 지르코늄(锆英石), 형사(型沙), 자갈(砂砾) 등이 있다.

2) 항만

요녕성은 해안선이 길고 복잡하며, 대륙해안선의 길이가 1000km으로 심해 해안선은 400km이며, 중간수심의 해안선 길이가 300km이며, 천해 해안선의 길이가 300km에 달한다. 요녕성 연안에는 40여개의 크고 작은 항만이 있으며, 항만부지로 사용하기에 적합한 항만이 38여개이다. 그 중 만톤급 선박 접안이 가능한 항만으로 건설하기에 적합한 항만이 24개 있다. 또한 요녕성에는 77개의 어항 부지 건설에 적합한 항만이 있으며, 그 중 20 여 개 항만이 개발·이용되고 있다. 또한 57개의 미개발 항만이 있는데, 그 중 1급 어항(漁港)으로 개발이 가능한 항만이 20개 있고, 2급 어항(漁港)으로 개발이 가능한 곳은 37개 있다.[2]

3) 해양수산

요녕성은 넓은 해역을 보유하고 있으며, 최고의 청정해역으로 다양한 수산물 양식장이 산재해있다. 특히 연안해역에 위치한 천해지역은 해수 투명도가 높은바 연평균 해수 투명도가 5m이고 최고치는 10m 이상에 달한다. 또한 염소(氯)와 린(磷) 등 광물질이 풍부하여 수산양식에 적합한 여건을 갖추고 있다. 요녕성 연안해역은 태풍의 영향을 적게 받는 관계로 부벌(浮筏)이나 가두리 양식에 적합하다. 수질에 대한 엽록소(叶绿素) 측정 결과에 의하면 수심 40m 이내의 근해해역의 2급 생산력(二级生产力)은 320만 톤에 달하며, 연안 갯벌을 활용한 수산양식 생산량은 100만 톤에 달하는데 그중 갯벌을 활용한 패류생산량이 85%를 차지한다. 연안지역의 생산 잠재력은 150만 톤에 달하여 이미 개발·이용한 해역의 생산 잠재력이 66.4%를 차지하고 심수해역 동물생산 잠재력은 70만 톤에 달하는데 이는 해역공간을 이용한 생산능력의 1/3을 차지한다.

4) 해양관광

요녕성은 연안침식, 습지 경관, 해수욕장 등 풍부한 해양관광자원을 보유하고 있는바 해양관광산업을 발전시키기에 유리한 자연 여건을 갖추었다. 요녕성은 중국의 유명한 해양관광도시 대련(大连)을 중심으로 하는 요녕남부관광구

---

[2] 2017辽宁年鉴, P. 66.

(辽宁南部旅游区)가 있으며, 중국 최대의 국경도시인 단동시(丹东)를 중심으로 하는 동부관광구(东部旅游区)가 있고, 금주(锦州), 호로도시(葫芦岛) 등 역사문화 명문도시를 중심으로 하는 요녕성 서부 고고학, 해변, 산천(山川)관광구가 있다. 이러한 해양관광자원을 활용하여 대련을 중심으로, 단동과 호로도시를 2개의 날개로, 6개의 연안도시를 연결하는 해양관광벨트를 형성하였다. 해양관광자원은 개발·이용 가치가 높은바 전형적인 연안지형·지질 관광구 80여개를 확보하고 있다. 또한 72개의 천연 해수욕장이 있으며, 해안선 길이가 149.6km로 요녕성 전체 해안선 길이의 6%를 차지한다. 앞으로 관광개발의 잠재력이 매우 높다고 평가된 곳은 금주(金州), 여순(旅顺), 개주(盖州), 발어권(鲅鱼圈) 포함), 와방점(瓦房店), 흥성(兴城), 수중(绥中) 등 지역이 있다.

3. 정책적 지원

요녕성은 국가발전전략 및 관련 정책의 지원을 받아 지역 해양경제 발전을 실현할 수 있다. 이에 관한 국가발전전략에는 아래와 같은 몇 가지가 있다. 2003년 동북지역 등 전통 공업기지(老工业基地) 진흥 전략에 따라 요녕성은 국가개발은행 정책지원 대상지역으로 선정되었다. 2008년 국무원은 "천진연해신구발전계획방안(天津滨海新区发展规划方案)"을 승인하였으며, 요녕성은 지리적 우위를 바탕으로 환발해경제권에 융합되게 되었다. 2009년 심양경제구는 국무원 국가종합개혁실험구(国家综合配套改革实验区)로 선정되었는데, 이는 국가차원에서 수립한 요녕성을 대상으로 하는 전문 지역발전전략이다. 아울러 2013년 "일대일로"구상의 시행에 따라 요녕성도 해양경제 건설의 주요 거점도시로 선정되었으며, 2015년 한중자유무역협정의 체결 및 발효로 인해 요녕성은 환발해경제권 참여 지역으로 한국과의 경제무역거래에 있어서 전례에 없었던 정책적 지원과 혜택을 받게 되었다.

지난 2년 간 중국정부는 "중공중앙 국무원 동북지역 등 전통 공업기지 진흥에 관한 약간 의견(中共中央国务院关于全面振兴东北地区等老工业基地的

若干意见)", "국무원 신이론 동북진흥전략 심화를 위한 중요 조치에 관한 의견 (国务院关于深入推进实施新一轮东北振兴战略加快推动东北地区经济企稳向好若干重要举措的意见)", "동북진흥 13.5계획 등 동북경제정책 조치"등 정책을 발표하였다. 전술한 국가발전전략의 시행으로 인해 요녕성 해양경제는 급속한 발전을 가져오게 되었다.

Ⅲ. 요녕성 해양경제 발전 연혁

최근 10년간 요녕성은 연안지역에 위치해 있으나 해양산업은 부진한 상황이었다. 1986년 요녕성은 "해상 요녕(海上辽宁)"이라는 개념을 제시하였으며, 2004년에는 "3점1선(三点一线)"이라는 요녕성 연해경제벨트전략(辽宁沿海经济带战略)을 수립하였으며, 2006년에는 "연해경제강성(沿海经济强省)"건설 전략을 수립하였으며, 2010년에는 "해양경제 발전"전략을 수립하였다. 이와 같이 요녕성은 해양의 가치와 해양경제 발전의 중요성을 인식하고, 해양자원과 해안선을 개발하고, 해양경제 발전 전략을 구상하고 전략 목표를 수립함으로써 해양경제를 육성 및 발전시켰다.

첫째, 1949년 신 중국 성립 이후 30년간은 요녕성 해양산업 회복 및 3대 전통 해양산업의 발전시기이다. 1949년부터 1960년까지 요녕성은 어업, 항만·운송, 염업 등 3대 전통 해양산업을 형성하였으며, 1960년대에 들어서 대련항을 운항하게 되었으며, 대련항은 접안능력, 하역능력을 강화하여 중국 3대 허브항만으로 자리 잡았다. 1966년부터 1980년까지 어업, 항만운송, 염업 등 3대 해양산업이 균형적으로 발전하여 "삼족정립(三足鼎立)의 국면을 형성하였다. 1980년대는 요녕성 항만운송업이 발전하는 시기로 대련을 거점으로 단동, 영구, 장하 등 항만을 연결하는 항만운송체계를 구축하였으며 절강성, 강소성, 복건성, 광동성 등 지역 항만을 연결하는 다양한 노선을 운항하였다. 이로 인해 요녕성 해양경제는 전통산업 발전단계에서 현대적 발전단계로 진입하게 되었고, 해양산업은 산업구조 조정 및 전환하는데 성공하였다. 또한 해양과학기술의 발전에 따라 해양관광, 화학 공업, 해양석유 등 신흥 산업이 나타나게 되었다.

둘째, 1986년부터 1996년까지는 요녕성 해양경제의 초기발전단계이다. 이 단계는 해양발전 개념을 제시한 것으로부터 구체적 시행계획을 형성하는 단계라고 할 수 있다. 1986년 요녕성은 "해상 요녕(海上辽宁)"이라는 개념을 제시하였는데 이는 "육상 요녕(陆上辽宁)"에 대응하는 상대적인 공간적 개념으로 해양경제를 중점으로 발전시킨다는 정부의 의지를 보여주고 있다. 현 단계에 있어서 해양경제 및 해양산업의 중점은 해양수산업이었으며, 기본 정책방향은 육상에서 바다로(由陆及海), 천해에서 심해로(浅海到深海), 근해에서 원양으로(由近海到远海) 나아가는 것이며, 단계별(순차별)로 3개의 해양경제벨트를 건설하는 것이다.

첫 번째 해양경제벨트는 육상을 기반으로 "연안경제벨트(滨海经济带)"를 형성하는 것이다. 연안경제벨트는 공간적으로 조간대와 연안수역을 포함하는 개념이다.

두 번째 해양경제벨트는 도서 및 인공구조물을 기반으로 근해경제벨트(近海经济带)를 형성하는 것이다. 이는 요녕성의 관할해역 전체를 포함하는 보다 넓은 공간적 개념으로 "점, 구역, 벨트(点区带)"등 3개 단계로 구분하여 점차 시행할 계획이다.

세 번째 해양경제벨트는 공해, 대양 자원개발을 목표로 하는바 "공해 및 원양경제벨트(公海及远海经济带)"라고 칭하며, 해양자원 개발에 관한 기술발전을 바탕으로 심해저에 대한 탐사와 개발을 목표로 한다.

1997년부터 2003년까지는 초기발전단계로서 해양산업의 중심이 해양수산업에서 점차 다양화 되고 있는 추세를 보였으며, "해상 요녕"전략이 점차 발전전략으로서 틀을 갖추어 해양산업체계를 구축해나가는 특징을 보이고 있다.

다시 말하자면 전통적 해양산업에서 신흥산업으로 전환하였고 해양산업을 이끌어갈 중견산업의 육성, 관련 서비스 산업을 육성함으로써 육상경제와 균형을 이루는 해양경제를 발전시키기 위해 노력하였다.

 2004년부터 현재까지는 육상과 해양의 상호 연계성 강화, 해양경제의 신속한 발전단계라고 정의한다. 2003년 중국정부는 동북진흥전략(東北振興戰略)을 전면적으로 개시하였는데, 이를 계기로 요녕성은 해양경제의 중심을 발해연안에서 환황해 및 발해로 확대하였다. 이에 따라 "3점1선(三点一线)", "5점1선(五点一线)"을 요녕성 연안경제벨트 개발개방전략을 확정하였다. 2006년 요녕성 정부는 "연해경제강성(沿海経済強省)"구상을 제시하였으며, "5점1선(五点一线)" 연해경제벨트 발전전략에서 출발하여 종합적인 해양경제 개발전략을 시행하기 시작했다. 2009년에는 "요녕성 연해경제벨트 발전계획(辽宁沿海経済帯発展規划)"을 국가발전전략을 승격시킴과 동시에 발해 연안지역에 위치한 금주만연해경제구(锦州湾沿海経済区), 영구연해산업기지(营口沿海产业基地), 대련장흥도임강산업구(大连长兴岛临江工业区), 황해연선장하화원구산업원구(黄海沿线的庄河花园口工业园区), 단동산업원구(丹东产业园区) 등 5개 산업단지를 거점으로 연안지역과 내륙지역의 대외개방 전략을 연계하였다. 2010년에 들어서 요녕성 정부는 "해양경제발전"의 중요성과 필요성을 재차 강조하였으며, 해양경제를 이끌어나갈 신흥산업을 육성할 것을 계획하였다.

IV. 요녕성 해양경제 발전 현황 및 문제점

1. 발전 현황

1) 요녕성 해양경제의 급속한 발전 및 경제규모의 증가

 21세기에 들어서 요녕성 해양경제는 급속하게 발전하였으며, 해양경제의 생산총액은 2011년의 362.37억 위안에서 2014년 3,917억 위안으로 증가하였다. 2015년에는 글로벌 경제위기의 영향을 받아 해양경제 생산총액이 3,529.2억 위안까지 감소하였으나 2016년부터 증가세를 보이기 시작하였고, 2017년에는 해양경제 생산총액이 3,900억으로 전년 대비 6.5% 증가하여 요녕성 GDP의 16.29%를 차지하게 되었다.[3]

이처럼 해양경제는 요녕성 경제의 새로운 성장 동력으로 부상하였다. 해양경제는 어업, 항만운송, 석유·천연가스, 조서, 염업·화학공업, 해양관광 등 6개 산업을 중견산업으로 선정하였다. 특히 장비제조업, 어업, 해양관광산업을 요녕성 해양경제의 핵심 분야로 육성하고 있는데, 요녕성은 장비제조업의 핵심 기술개발을 통해 종합적 경쟁력을 강화하고 고부가 가치 창출을 위한 기술 개발을 지속적으로 추진하고 있다. 아울러 관련 해양장비 기술개발에 있어 건조기술을 제외한 부가가치 높은 설계 및 엔지니어링 기술을 확보하고 있으며, 관련 기업의 활용을 장려함으로써 기술개발 및 산업화를 촉진하고 있다. 또한 연안지역의 관광자원을 통합하여 새로운 형태의 관광 상품 개발을 추진하고 있다.

2) 인프라 건설 및 호연호통(互联互通)

"일대일로"건설은 요녕성의 인프라 건설에 기회를 가져다주었다. 특히 "일대일로"건설은 호연호통(互联互通)을 통한 아시아 국가 간의 교류를 강조하고 있다. 이에는 정책, 도로, 무역, 화폐, 민심 등 5개 영역에서 서로 연결되고 통한다는 의미로 국가 간의 협력을 통해 경제성장을 촉진하고 자원을 효율적으로 배분하고자 한다. 현재 "요만구(辽满欧)", "요해구(辽海欧)", "요몽구(辽蒙欧)" 3개의 국제통로 건설은 획기적인 진전을 가져왔다. 국제통로 건설을 통해 300여개의 항만 및 지역을 연결하고 100여개의 국내·국제 항로를 개척하였다. 이에는 철도, 수로(水路), 항만 등 3가지가 포함된다.

---

[3] 中国产业信息网, 2018-03-12.

철도와 관련하여, 요녕성 서부와 내몽골 동부를 연결하는 파신철도(巴新铁路)를 개통함으로써 중국, 몽골, 러시아 3국을 연결하는 새로운 유라시아 대통로(欧亚大通道)를 구축하였다.

수로(水路)와 관련하여, 요녕성은 산동성과의 육해+해상 화물운송통로와 연태(烟台), 대련(大连)룬두(大轮渡)를 개통함으로써 요녕성과 산동성을 연결하는 수로를 확보하였으며, 이를 기반으로 요녕성과 유라시아를 연결함으로써 해양운송 경쟁력을 향상하였다.

항만(港口)과 관련하여, 요녕성은 기존의 항만을 통합·관리하고 수출·수입 통관절차를 대폭 간소화하고 전용 통관물류센터를 신설해 신속한 통관을 지원할 방침을 제시하였다.

3) 대외개방 수준의 향상

요녕성은 "세계로부터 받아들이고(引进来), 세계로 뻗어 나간다(走出去)"는 국가발전전략에 근거하여 적극적으로 해외로 눈을 돌리게 되었으며 현재 100여개 국가와 무역거래를 추진하고 있다. 요녕성은 요녕자유무역시범구(辽宁自贸试验区)를 설립하고, 행정기구와 행정절차를 간소화 하고 권한을 하위 기관에 이양함으로써 자유무역시범구의 자주관리 능력을 길러왔다. 또한 외국인 기업의 해외투자 유치 지원을 위해 기준을 완화하고 우수 해외기업과 인재 유치를 위해 노력함으로써 요녕성 해양경제 활력을 제고하였다.

아울러 요녕성 지역 기업의 해외진출을 적극 지원하기 위해 해외산업단지(境外工业园区)를 설립하고 해외산업단지를 통한 해외수출 및 해외진출을 장려하고 있다. 특히 본토 기업의 해외투자를 활성화하고 중국기업의 해외로의 자본수출을 통해 국내의 과잉 생산능력을 해외로 이전하고 국제시장에서의 경쟁력을 확대한다는 것이다. 2018년 중앙정부와 요녕성 정부가 시행한 지원 정책에는 해외수출기업에 대한 세금 감면, 항만 및 항만의 경영환경 개선 등이 있다. 요녕성 통계국의 관련 자료에 의하면, 2018년 요녕성 화물 수출입 규모는 역사상 최고치를 기록하였는데 수출입 총 규모는 7,545.9억 위안에 달하여 전년대비 11.8% 증가하였다. 그 중 해외투자기업의 수출입 규모는 3,273.6억 위안으로 전체 수출입 규모의 43.4%를 차지하며, 전년대비 13.7% 증가하였다.[4] 이와 같이 요녕성의 대외개방 수준은 대폭 향상되었으며 국제사회에서의 경쟁력 또한 대폭 강화되었다고 할 수 있다.

2. 문제점

1) 해양산업의 구조적 문제점

해양경제가 발전함에 따라 구조적인 문제점이 점차 나타나게 되었고, 해양산업 구조조정의 필요성이 대두되었다. 예컨대, 3차산업은 구조와 상품 내용이 점점 고급화되었고 1차산업이 해양경제에서 차지하는 비중이 현저히 낮아졌으며, 반면에 3차산업이 차지하는 비중이 점차 증가되는 추세를 보이고 있다. 해양산업의 1차, 2차, 3차 산업이 차지하는 비중은 11차 5개년 계획기간의 20%, 35%, 45%에서 2015년에는 각각 9.9%, 34.6%, 55.5%로 변화되었다. 특히 해양산업 중에서 3차산업이 차지는 하는 비중은 종전의 "역삼각형"에서 "아령형(啞铃形)"으로 변화되었으며, 궁극적으로는 "피라미트형"으로 변화되었다. 그러나 요녕성과 기타 지역의 해양경제 및 해양산업구조에 대해 비교분석한 결과 해양산업의 구조적 문제점을 찾아볼 수 있었는데, ① 요녕성 해양산업 중 1차산업이 차지하는 비중이 기타 지역에 비해 상대적으로 높다. 이는 요녕성 해양산업의 종류가 다양하지 못하고 해양자원의 개발 및 이용이 충분하지 않다는 것을 의미한다. 현재 요녕성은 전통적 해양산업에서 신흥 산업으로 전환하였으며, 주요 해양산업에는 어업, 조선, 항만운송, 염업, 해양공정, 해양관광, 화학공업, 해양바이오, 석유, 종합이용 등 10개 산업이 포함된다. 그러나 국내 기타 해양강성 그리고 국제 해양강국과 비교할 시 산업구조 및

---

[4] 辽宁日报, 2019年1月22日.

발전수준에 있어서 현저한 격차를 보이고 있다. 2009년 기준 국내 기타 해양 강성의 경우 12개 해양산업을 확보하고 있으며, 국제 주요 해양강국의 경우에는 20여개의 해양산업을 확보하고 있다. 사실상 요녕성은 금강석, 사금 등 풍부한 해양 광물자원과 조력 등 해양에너지자원을 보유하고 있어 조력발전소를 발전시키기에 적합한 해양공간이 있으며, 해양광업 및 전력 등 대규모 산업을 발전시킬 수 있는 우월한 자연 여건을 갖추고 있다. ② 해양수산업(어업)을 중심으로 하는 산업구조는 부가가치가 낮으며 해양경제 및 해양산업 발전에 있어서 어업자원에 대한 의존도가 높다. 요녕성의 육지쪽 해안선이 상대적으로 길어 전국 해안선 길이의 10.34%를 차지하지만 어업생산량 부가가치는 10%에 불과하다. 즉 활용 가능한 연안해역에 어업을 위주로 해양공간을 배치한 이유로 2차산업과 3차산업의 발전을 위한 공간이 제한적이다.

2) 요녕성 해양발전의 불균형, 항만물류 및 도시발전의 불균형 등 문제점

대련시는 해양경제를 발전함에 있어서 지리적 우위를 갖고 있다. 대련은 해안선 길이가 길고 해양자원이 풍부하며 해양관광산업의 총 생산액이 요녕성 해양산업 전체 GDP의 50% 이상을 차지하고, 해양관광산업이 상대적으로 발전하여 대련 방문 국내외 관광객 수량과 컨테이너 처리물량이 요녕성에 위치한 6개 연해도시를 방문한 관광객 수량과 컨테이너 처리물량의 3/4를 차지한다. 이처럼 대련시 해양경제의 발전규모 및 수준은 기타 5개 연안도시와 비교하여 현저히 발달하였으며, 요녕성 역내 해양경제의 불균형이 심각함을 보여준다. 그밖에 요녕성 각 항만별 수출입 화물량이 점차 증가하고 있으나 항만 처리물량과 도시경제 발전 간의 불균형이 존재한다. 최근에는 "21세기 해상 실크로드 경제벨트 건설"의 추진에 의해 요녕성 대련항(大连港), 영구항(营口港), 금주항(锦州港)은 지역별 거점 항만으로 항만물류 기능과 항만운영 효율화, 운송 하역장비의 현대화 등 한층 발전할 수 있는 기회를 갖게 되었다. 그러나 요녕성이 해양발전의 중심을 항구도시 및 항만운송 분야에만 집중하는 것은 합리적이지 않은바 항구도시와 주변도시와의 연계성을 강화하는 것이 바람직하다고 생각한다. 아울러 6개의 연해도시 중에서 대련시와 영구시가 기타 연해도시에 비교해 해양경제 규모와 수준이 현저히 발전하였으며, 연해도시 간의 해양경제 발전의 불균형도 매우 심각하다. 이러한 연해도시 간의 발전의 불균형, 연해도시와 내륙도시 간의 연계성 부족 등 문제점은 해양경제 발전을 위한 계획의 수립단계에서부터 발생한 것이다. 이러한 해양산업 발전의 불균형 문제점을 해결하기 위해 지역경제개발계획 또는 지역 해양경제개발계획 수립 단계에서부터 산업구조에 대한 전반적인 조정 및 대책수립이 필요하다고 생각된다.

예컨대 대련, 영구발어권(营口鲅鱼圈), 금주(锦州) 등 3개 지역은 해양수산, 관광, 항만물류를 중점 산업으로 발전시키고 있는데 중복되고 단일한 산업구조를 가지고 있어 지역 경제의 균형발전에 불리하다. 특히 해양수산업과 관련하여 대련시, 영구, 금주 등 지역에서 어획 및 양식하는 수산물의 품종이 중복되어 지역 내의 악의적 가격경쟁을 불러일으키고 수산자원의 과도한 어획과 낭비를 초래하게 된다.

3) 해양환경 오염 및 이용자 간의 갈등 고조

요녕성 연안에는 해일, 폭풍, 해빙, 적조, 태풍, 해무, 해수면 상승, 바닷물 침수 및 그로 인한 염분의 토양 축적(盐渍化)으로 인한 염류화 등 자연재해가 빈번히 발생한다. 관련 통계자료에 의하면 2011년부터 2015년 동안 요녕성은 해빙, 폭풍해일 등 연안재해로 인해 발생한 경제적 손실이 10.07억 위안에 달한다.[5] 연안재해 및 해양환경 보전을 위해 요녕성은 12차 5개년 계획 기간에 해양생태계 보전 및 해양생태문명 건설을 적극 추진하였다. 요녕성은 해양환경 및 해양생태계 보전을 위해 자연상태 해안선 관리목표를 실시하고, 친수

---

5) 《辽宁省海洋主体功能区规划》, 2017-08-03.

해안선 건설, 연안공간의 개발과 이용을 최적화하고, 바다로의 오염물질배출구 설치 및 환경오염을 초래하는 해양공정에 대한 관리를 강화하였으며, 636개 도서에 대한 해양관측 모니터링을 실시함으로써 연안해역의 환경오염을 개선하고 연안생태를 복원하는 사업을 적극 실시하였다.

그러나 요녕성 해양자원의 개발·이용이 연안지역에 과도하게 집중되어 있고, 원양 및 심해에 대한 개발과 이용이 부족하며, 해양개발 및 이용에 대한 수요의 증가로 인해 이용자 간의 갈등이 고조되고 있으며, 성장위주의 경제개발 정책으로 인해 해양환경이 점차 파괴되고 있다.

현재 요녕성 주변해역의 생태환경은 아래와 같은 두 가지 문제점을 안고 있다. 첫째, 연안도시에서 배출되는 생활오수, 공장폐수 등 대량 오폐수의 바다 유입 및 확산으로 인한 해양오염이 심각하다. 둘째, 연안경제벨트의 개발을 위해 대규모 항구, 산업단지, 상업지역, 주택가 등 건설을 위해 곳곳에서 연안매립이 이루어 졌고 연안생태계, 갯벌의 파괴가 심각하다. 이와 같이 요녕성은 연안지역에서 발생하는 해양오염과 연안매립으로 인해 해양환경이 파괴되고 해양생태계가 훼손되는 문제점이 발생하였는데, 이는 향후 지속가능한 해양경제 발전의 주요 제약 요인으로 작용할 것이다.

4) 금융지원의 절대부족

요녕성은 해양산업 육성과 관련하여 금융기관의 투자와 지원이 절대적으로 부족하며 관련 정책과 조치에 대한 법률의 명문 규정이 없다. 즉 해양산업에 대한 금융기관의 투자가 활성화되지 못한데는 여러 가지 이유가 있으나 그중 가장 중요한 이유는 해양산업에 대한 금융투자를 활성화하는데 관한 법적·제도적 보장 장치가 미비하기 때문이다. 해양산업은 자연적 요소의 영향을 많이 받기 때문에 해양산업에 대한 투자는 불확실성과 위험성을 동반하기 마련이다. 특히 해상운송, 해양공정, 연안지역 개발과 관련하여 보험 등과 같은 금융상품이 극히 제한적인 범위에서 이루어지고 있다. 또한 국내 해상업무와 관련한 보험 상품이 선진국에 비해 많이 부족한데 이는 해양산업의 발전에 부정적 영향을 미칠 우려가 있다. 아울러 금융감독기관이 자본시장의 위험도를 낮추기 위해 상장회사에 대한 엄격한 관리감독을 실시하고 있기 때문에 해양산업에 투자하고자 하는 기업체가 자본시장으로부터의 융자가 어렵고, 해양산업에 관한 자본시장이 활력을 얻을 수 없게 되었다.

5) 해양과학기술 수준 및 전문 인력 부족

요녕성은 해양과학기술 및 교육에 대한 중요성을 인식하여 요녕성 해양수산과학연구원, 대련해사대학교, 대련수산학원 등 다양한 연구기관, 교육기관을 설립하였으며 해양과학기술과 해양수산 연구에 있어서 주목할 만한 성과를 거두었다. 특히 12차 5개년 계획 기간 이래 요녕성의 해양 및 어업관리 수준이 급속히 향상되었으며 해양과학기술은 크게 발전하였다. 요녕성은 "과학흥해계획(科技兴海规划)"을 수정하였으며 "과학기술창해(科技沧海)"전략을 추진함으로써 해양과학기술 분야의 발전을 촉진하고 있다. 예컨대 국가해양 공익성, 신재생에너지 개발, 농업부 "948"등 연구 과제를 수행하고 있다. 아울러 해양산업의 핵심기술 개발에 박차를 가하고, 새로운 기술의 산업화 및 표준화 기술 개발을 위해 해양과학기술단지 및 특색 산업 인프라를 구축하였으며, 해양수산연구기관 및 대학교에 국가중점실험실 또는 요녕성중점실험실 및 공정기술센터를 수립하여 연구개발 능력을 향상함과 동시에 핵심기술을 가진 연구인력을 양성하였다. 이와 같은 노력에 의해 요녕성의 해양산업 발전수준과 해양과학기술이 많이 향상되었지만 선진국에 비해 기술력이 부족하고 산업구조가 불합리 하며, 해양자원의 개발 및 이용도 활성화되지 못하고 있다. 특히 해양수산자원의 개발, 바다목장 건설, 해양광물자원의 탐사 및 개발, 해양석유자원의 개발, 해양기상예보 및 정보 분석 등 분야의 핵심기술 개발이 여전히 미미하고 핵심기술을 가진 연구 인력이 부족하여 첨단 기술개발에 장애를 갖고 있다. 또한 해양과학기술 분야의 연구인력 중에서 해양바이오 전문가가 부족하고 해양공정장비 및 첨단기술 연구 인력이 부족하며 해양경제발전 전략을 전공한 인력 또한 절대적으로 부족하다.

3. 요녕성 지속가능한 해양경제 건설의 핵심 분야

1) 해양자원 개발 · 이용체계의 최적화
- 지속가능한 개발원칙 준수, 해양개발과 해양환경의 조화된 정책 시행
- 해양자원의 지속성과 영속성을 중요시하며 해양자원의 함축적 가치(內涵价值) 향상
- 해양자원에 대한 통합관리체계 구축, 해양자원 개발 · 이용에 관한 법규 보완
- 요녕성 해양경제 발전의 생태환경 보전 시스템 구축

2) 요녕성 해양경제발전에 관한 생태환경 보전 시스템 구축
- 해양생태관리시스템 개선, 해양환경의 선순환 관리체계 조성
- 해양보호기금에 대한 재정지원 확대, 해양환경 보전 전문 인력 양성
- 해양환경 보전 법률체계 개선, 해양보전에 대한 국민 인식 증진

3) 요녕성 지속가능한 해양경제 혁신 매커니즘 확립
- 지속가능한 해양경제 발전에 관한 계획 체계 수립(正式規則体系)
- 첨단 해양 인재 육성
- 정부 규제를 기반으로 하는 해양제도 구축

4) 해양경제 발전 및 해양과학기술 혁신
- 첨단 해양기술 산업체계 구축, 신흥해양산업 육성
- 해양과학기술에 대한 재정지원 확대, 해양과학기술 전문 인력 양성

- 해양경제 발전을 위한 국제협력체계 구축
- 국가 해양권익 수호 및 해양분야의 국제협력 강화
- 혁신적 국제해양협력 추진, 효과적인 해양협력 추진
- 국제해양협력체계 구축, 관련 법률 개선

Ⅴ. "일대일로" 배경 하의 요녕성과 한국의 해양경제협력

첫째, "일대일로"건설을 위한 협력체계를 바탕으로 해양산업 협력을 위한 플랫폼을 구축한다. 요녕성과 한국은 해양산업 협력계획을 수립하여 장기적이고 혁신적인 협력체계를 구축하여야 하며 원양어업, 해양관광, 항만물류, 신흥산업 등을 중점으로 양국 간의 협력을 강화해야 할 것이다. 또한 연안지역의 산업단지 건설을 통해 한국의 관련 자치단체, 기업관의 협력관계를 구축함으로써 해양분야의 협력을 확대해 나가야 할 것이다. 예컨대 "해양"을 주제로 하는 대규모 전시회, 박람회를 개최하여 요녕성과 한국의 해양관련 정보 및 자원을 공유하고, 국제 세미나 개최를 통해 "일대일로" 연선 국가들의 참여를 촉진함으로써 국제협력의 참여자와 내용을 다양화해야 한다.

둘째, 요녕성 전통 산업기지의 장비제조기술 경험과 기술적 노하우를 바탕으로 해양공정제조 분야의 협력을 확대하고, 한국의 선진적인 조선산업과 조선기술, 관리경험을 도입하여 요녕성의 해양공정장비 핵심기술 개발 및 경쟁력을 강화해야 한다. 또한 요녕성 연안해역에 부존하는 조력, 풍력 등 해양에너지를 활용하여 발전소를 건설하는 등 신흥산업을 적극 육성해야 한다.

셋째, 중국과 한국, 북한 등 3국 간의 해양협력을 강화하여야 하며, 한국의 "한반도 신 경제지도"구상과 중국의 "일대일로"구상을 연계하여 중국과 한반도(한국, 북한) 간의 적극적인 협력을 얻어 지역경제공동체를 구축하고 새로운 성장 동력을 창출하여야 한다.

1. 중국 요소

"요녕성 '일대일로' 종합시험구 건설 전체방향(辽宁"一带一路"综合试验区建设总体方案)"시행은 요녕성과 한반도 간의 해양경제협력의 기회를 마련하였다. 2018년 8월 27일 요녕성위원회와 요녕성정부는 "요녕성 '일대일로' 종합시험구 건설 전체방향"을 수립하여 "3핵3구(三核三区)"[6], "양랑양연(两廊两沿)"[7], "7항7로(七港七路)"[8], "쌍원쌍융(双园双融)"[9], "1망1교(一网一桥)[10]" 등 공간적 구조를 재정립하고, 기존에 추진하고 있는 "일대일로" 건설 선행구("一带一路"建设先行区), 동북아 국제협력 선도구(东北亚国际合作先导区), 전면 진흥 시범구(全面开放引领全面振兴示范区) 등 3개의 경제시범구와 연결하여 대내외적 연계성을 강화하고, 육상과 해양과의 연계성을 강화하는 새로운 구도를 제시하였다.

---

[6] 심양, 대련, 금주-영구-판금 등을 요녕성 거점 개발지역(三核)으로 지정하고 요녕연안경제벨트, 심양경제구, 요녕성서북지역 등 3개 지역을 중점 개발구(三区)로 지정하였다.
[7] 양랑(两廊)이란 북쪽으로 중국, 몽골, 러시아 경제회랑, 동쪽으로 동북아경제회랑을 의미하며, 양연(两沿)이란 요녕연안경제벨트와 동부국경개발개방벨트를 의미한다.
[8] 대련, 영구, 단동, 금주, 판금, 호로도 등 연안항구도시 개발계획의 통합관리를 추진함으로써 대련은 동북아국제물류의 허브항만으로 육성하고, 요녕성과 "요만구(辽满欧)" 대유럽 물류통로를 개통하여 심양을 국제육상통로의 관문으로 건설한다(七港). 칠로(七路)에는 "요만구(辽满欧)", "요몽구(辽蒙欧)", "요신구(辽蒙欧)", "요훈구(辽珲俄)" 철도, "요해구(辽海欧)" 북극동북항로, "요해구(辽海欧)" 인도양 항로, 요녕"항공 실크로드(空中丝路)"통로 등 7개의 통로가 포함된다.
[9] "쌍원(双园)"이란 요녕성 내 산업협력단지의 해외투자 유치 및 지역 기업의 해외 산업단지로의 투자 격려를 의미한다. "쌍융(双融)"이란 융자(融资)와 융지(融智, 지혜를 나누다)를 의미한다.
[10] 일망(一网)이란 디지털 실크로드(数字丝路) 구축을 통한 정보서비스망 공유를 의미하며, 일교(一桥)란 요녕성과 연선국가 국민 민심을 연결하는 교량을 의미한다.

전술한 요녕성 해양경제 관련 계획 및 경제시범구 건설계획은 한국과 북한과의 경제협력 강화에 관한 내용도 포함되는데 자세한 내용은 아래와 같다. 첫째, 요녕성과 한국과의 경제협력에 관한 내용이다. 이에는 한중일 정상회담, 한중 경제부 장관회의를 핵심으로 한중 산업단지 건설에 관한 협력을 추진하고, 한중 양국이 제3국 시장에서의 공동협력을 강화한다는 것이다. 경제협력의 주요 분야에는 신동력 자동차, 항만물류, 교통, 금융, 관광, 교육, 문화, 청소년 교류, 미세먼지 공동대응 등이 포함된다. 아울러 대련자유무역항 건설을 통해 한국의 SK, 삼성 등 대기업과의 협력기회를 마련하여 바다, 철도, 항공 등 다양한 교통망 인프라를 연계하고, 심양 한중과학기술구(沈阳中韩科技园区)를 건설함으로써 요녕성의 산업구조를 한층 업그레이드 하고 제3국 시장에서 한중 양국의 경쟁력을 강화하는 것이다.

둘째, 요녕성과 북한과의 경제협력에 관한 내용이다. 중국과 북한 양국 지도자의 공동합의문의 내용을 바탕으로 한반도 정세의 변화를 적극 파악하고, 체계적이고 유연한 협력방안을 수립함으로써 비교우위에 있는 산업 간의 상호보완성을 강화하고, 국제무역거래를 확대하고, 금융자본 및 기술과 전문인력 등 다양한 분야에서의 실무협력을 확대해 나갈 것을 계획하고 있다. 아울러 단동(丹东)을 협력의 거점으로 요녕성과 한반도와의 보다 광범위한 협력을 추진할 것을 목표로 하는데, 이는 중국의 단동-평양-서울-부산을 연결하는 철도, 도로 및 정보통신 등 교통망 인프라를 연결하는 계획을 의미한다. 또한 중앙정부에 "단동특구" 건설을 제안하여 단동 중점개발·개방시험구(丹东重点开发开放试验区), 중조 황금평 경제구(中朝黄金坪经济区), 단동 국문만 중조변민상호무역구(丹东国门湾中朝边民互市贸易区)를 건설함으로써 중조무역의 활성화를 위한 정책기반을 마련하고자 한다. 단동특구 개념계획의 구체적 목표는 아래와 같다. 첫째, 다양한 경제지도 구상이 연결하는 거점지역으로 거듭나는 것이다. 이에는 중·북·러 동북아경제권이 연결되는 거점지역(中朝俄东北亚经济圈交汇中心), 대북한 수출 중국기업의 허브지역(中国出口朝鲜

商品集散中心), 중국 가공무역제조상품 유통센터(中国加工贸易制造疏解中心), 대중국 수출 북한상품 유통센터(朝鲜出口中国商品集散中心), 북한 인재노무유통·수출센터(朝鲜人才劳务交流输出中心) 등이 있다. 둘째는 동북아 경제회랑의 허브지역으로 거듭나는 것이다. 요녕성과 주변국가와의 경제협력은 동북아 국제정세에 좌우될 수밖에 없다. 현재 중국과 한반도 정치의 안정과 한반도의 평화는 요녕성이 동북아 국가들과 경제협력을 추진하는데 있어서 긍정적인 영향을 미칠 것이다. 요녕성은 동북아 개방의 창구라는 지역적 우세를 기반으로 중국, 몽골, 러시아 경제회랑구상에 적극적으로 참여하여야 하며 "한중일+x" 협력모델을 활용하여 북한의 참여를 유도하여 요녕성과 러시아, 일본, 한국, 북한, 몽골과의 협력을 강화함으로써 동북아경제회랑구상을 실현하고, 나아가 동북아 운명공동체를 조성하는 것이다.

2. 북한 요소

북한 노동당 제7차 3중전회는 "사회주의 경제건설의 전략노선"이라는 중요한 정책을 제시하였다. 북한은 중국의 "일대일로"창의에 대한 높은 관심을 보이고 있으며, 특히 에너지 수송관, 철도, 항만시설, 물류허브 구축 등 사업에 동참할 의지를 표명하였다. 이를 위해 북한은 노동당 간부를 중국의 중점도시에 파견하여 중국의 개혁개방 및 경제건설에 관한 경험과 노하우를 습득하게 하고, 북한의 동부, 서부, 북부의 일부도시를 거점으로 경제건설을 추진하고자 한다. 2018년 7월 북한 최고지도자 김정은 동지는 2일간 중조접경지역을 고찰하였는데 이는 북한이 경제발전과 대외협력을 중요시 한다는 정부의 입장을 보여준다.

3. 북한적 요소

2016년 8월 한국정부는 한반도 신경제지도 구상을 제시하였다. 이는 남북을 에너지, 물류, 관광 등 3대 경제벨트 구축을 통해 한반도 신성장 동력 확보 및 북방경제 연계를 추진하는 것이다. 첫째, 동해권 에너지 및 자원벨트와 관련하여 금강산, 원산, 단천, 청진, 나선을 남북이 공동개발 후 우리 동해안과 러시아를 연결하는 것이다. 둘째, 서해안 산업·물류·교통벨트와 관련하여 수도권, 개성공단, 평양, 남포, 신의주를 연결하는 서해안 경협벨트 건설이다. 셋째 DMZ환경·관광벨트와 관련하여 설악산, 금강산, 원산, 백두산을 잇는 관광벨트 구축 및 DMZ를 생태·평화안보 관광지구로 개발하는 것이다. 남북정상회에서는 북한 핵실험과 미사일 시험발사에 따른 유엔안보리의 제재강화로 대규모 경제협력 프로젝트의 합의가 사실상 불가능한 현실을 고려해 당국 간의 회의체 정비·강화 등 '비제재 분야에서 남북관계의 획기적 개선 동력을 마련하겠다는 전략적 판단에 따랐다.

종합하여 말하자면 2018년 이래 북한의 전략적 변화는 한반도 체제 및 동북아 정치정세에 역동적인 변화를 가져왔다고 할 수 있다. 김정은 위원장은 9차례 개최된 양자 간 정상회담에 6차례 참석하였으며, 관련 국가와의 고위급회담에 적극 참여하여 왔는데 이는 북한이 대외관계 개선에 있어서 그 만큼 절박한 상태임을 보여준다. 즉 북한이 핵 프로그램 포기로 인해 얻는 이익이 핵 보유로 인해 얻는 이익보다 크다는 것을 이해함으로써 완전한 비핵화를 위한 진전을 이루어가는 과정에서 안보리 결의의 충실한 이행 등 국제사회의 평화와 안정에 기여하게 하는 것은 각국의 당면한 공동의 과제이다. 한반도의 평화와 안정, 발전을 실현하기 위해서는 국제사회의 공동의 노력이 필요하며 동북아지역의 평화와 안정을 위한 공동의 노력이 필요하다.

참고문헌

[1] 赵丹, 加快辽宁省海洋经济发展的研究[J] 理论观察, 2016年第3期

[2] 李吕, 李宏畅, "一带一路"背景下辽宁省海洋经济发展路径研究[J], 改革与开放, 2018年14期

[3] 程娜, 辽宁海洋经济发展研究, 2014年辽宁经济社会形势分析与预测, 社会科学文献出版社, 2014年1月

[4] 辽宁年鉴(2017) [M]辽宁年鉴编辑部, 2017年10月

[5] 董敏慧, 辽宁海洋经济创新发展研究[J]经贸实践, 2017年第5期

[6] 唐佳丽, 孔爱群, 高汉雷, 辽宁三大"蓝色产业"助力海洋经济扬帆远航[N] 辽宁日报, 2017-12-31

[7] 辽宁省交通运输厅, http://zizhan.mot.gov.cn/st/liaoning/

[8] 王超, 张芳, 辽宁省金融支持海洋渔业存在的问题[J], 农技服务, 2017年第11期

환항해 지역경제협력과 수산자원관리

04
산동성 해양경제 발전정책과 한중협력

朴文进(Piao Wenjin)

산동성 해양경제 발전정책과 한중협력

朴文进(Piao Wenjin*)

국문초록

　　산동성은 해양자원과 해양산업 및 해양과학기술 분야에서 독보적 우세를 갖고 있으며 중국의 해양강국 비전 달성에 있어서 중요한 위치에 있다. 현재 산동지역의 해양산업 총생산액은 지역경제 규모의 20%를 넘어서고 있으며 중국 전체 해양산업 총생산에서 차지하는 비중도 약 20%에 육박하고 있다. 이러한 가운데 2018년 3월, 시진핑 주석은 13기 전국인민대표대회 산동대표단 회의에 참석하여 "산동의 해양 우세를 활용하여 해양개발을 확대하고 세계 일류 항만과 완벽한 현대 해양산업체계 그리고 지속 가능한 해양생태환경 보전 및 해양산업 육성을 통해 해양강국 비전 달성을 위한 산동의 역할을 강화하라"고 지시했다. 이에 따라 산동성 정부는 지난해 5월 '해양강성 발전방안(海洋强省建设行动方案)'을 수립하고 해양경제의 새로운 도약을 적극 추진하고 있다. 본고에서는 산동지역의 해양현황과 해양경제 발전 동향 그리고 해양강성 발전방안의 주요 내용을 살펴보고 한중 지역협력방안을 도출하고자 한다.

키워드: 산동, 해양경제, 해양강성, 지역협력

---

* 산동성해양경제문화연구원 부연구위원, 법학박사.

Ⅰ. 산동지역의 해양현황

1. 해양자원 풍부

산동지역은 중국에서 해양자원이 가장 풍부한 지역의 하나이다. 해안선 길이는 3,345km로 광동성에 이어 2위, 중국 전체의 1/6를 차지하고 있다. 해역 면적은 육지면적과 비슷한데 약 15만 9,500㎢에 달하며, 589개의 도서(무인도서 557개)를 보유하고 있다. 2017년 산동지역의 항만물동량은 15억 톤을 초과하고 있는데 그중 청도, 일조, 연태항등 4개 항만의 물동량은 각각 1억 톤을 초과하고 있다.[1]

2. 우수한 해양과학기술 인프라 확보

현재 산동성은 55개의 성(省)급 해양연구원 및 대학교를 보유하고 있으며, 국가급 해양과학기술 혁신 플랫폼 110개를 보유하고 있는데, 이는 중국 전체의 30%를 차지하고 있다. 대표적인 해양 연구기관으로는 국가해양중점실험실, 심해기지관리센터, 자연자원부 제1해양연구소가 있으며, 대학교에는 중국해양대학교가 있다. 그리고 해양과학 연구인력도 중국 전체의 40%를 확보하고 있는데, 과학원 원사 22명을 포함한 고급인력은 중국 전체의 70%를 차지하고 있다. 국가 중대 해양연구과제의 경우에도 중국 전체의 약 50% 이상을 수행하고 있다.

---

[1] 加快建设海洋强省, 经略海洋山东有几张优势牌？, http://sd.ifeng.com/a/20180510/6563478_0.shtml (2019.3.12검색)

[그림-1] 산동성 해양공간 배치도

자료: 산동반도 블루이코노미존 개발계획(山東半島藍色经济区開發計劃)

II. 해양경제 발전현황과 특징

1. 해양경제 발전현황

1990년대부터 산동성은 해양분야의 우세를 바탕으로 '해상산동(海上山東)' 계획을 수립하고 적극 추진해왔다. 2010년에는 최초로 국가해양경제발전 시범지역으로 지정되었으며 2011년에는 '블루 이코노미존 개발계획'이 국가 경제발전전략으로 격상되었다.

이러한 개발계획의 추진에 힘입어 그동안 산동지역의 해양경제는 지속적인 고성장을 보였다. 2017년 산동지역의 해양산업 총생산 규모는 전년대비 11.6% 증가한 1조 4,776위안(한화 약 250조원)으로 광동성(1조 7천 8백위안)에 이어 2위를 차지했다. 이는 중국 해양산업 총생산 규모의 19%, 지역

GDP의 20.4%를 차지한다. 또한 수산, 해양생물의약, 해양염업, 해양에너지 발전, 해양교통운송 등 산업의 규모도 중국에서 1위를 차지하였다.[2]

[표-1] 산동성 해양경제 규모(2017)

구분	규모(억 위안)	차지비중(%)
해양 총 생산	14,776	100
1. 주요 해양산업	5,905	39.96
－ 수산	1,500	10.15
－ 해양오일가스	57	0.39
－ 해양광업	25	0.17
－ 해양염업	21	0.14
－ 해양화공	157	1.06
－ 해양약물생물	200	1.35
－ 해양재생에너지	53	0.36
－ 해수이용	1	－
－ 해양조선	77	0.52
－ 해양건축공정	605	4.09
－ 해양교통운송	1,217	8.24
－ 해양관광	1,991	13.47
2. 해양과학연구·교육·관리서비스	2,827	19.13
3. 해양연관산업	6,045	40.91

자료: 산동성해양수산청(山東省海洋漁業廳)

2. 해양경제의 발전 특징[3]

1) 해양경제 규모의 지속적 확대

2011-2017년 산동지역의 해양산업 총생산 규모는 8,080억 위안에서 14,776억 위안으로 증가되어 연평균 10.5% 이상의 성장률을 보였으며, 이는

---

[2] 2017年山东省海洋总产值占全省GDP近两成, http://news.ifeng.com/a/20180117/55198424_0.shtml (2019.3.14검색)
[3] 韩立民, "科学经略海洋, 加快建设海洋经济强省", 2018年海洋经略论坛, 2018.9

전국 평균 성장률보다 1.4% 높은 수치이었다.

2) 해양경제구조의 지속적 개선

2011-2017년 해양경제 구조도 지속적인 개선을 보인 가운데 해양 3차 산업 비중이 6.7 : 49.1 : 44.2에서 5.1 : 42.5 : 52.4로 조정되었으며, 3차 산업의 비중이 50%를 초과했다.

3) 해양산업 지속적 고성장

2011-2017년 주요 해양산업은 연평균 10%이상 증가했으며, 그중 해양화공, 해양바이오의약, 해양에너지 발전, 연안관광 등은 연평균 15%이상 증가를 보였다.

4) 지역별 해양산업클러스터 조성

현재 청도, 연태, 위해, 유방 등 지역을 중심으로 해양산업 클러스터가 조성되었다. 그중 칭다오지역은 해양교통운송과 해양바이오, 연태는 해양플랜트장비와 해양바이오의약; 위해는 수산과 수산품가공, 유방은 해양화공산업을 중심으로 해양산업클러스터가 조성되었으며, 지역경제 발전에 대한 견인 역할이 확대되었다.

또한 청도 서해안신구의 경우 2013~2017년 해양산업 총생산이 491억 위안에서 1,019억 위안으로 확대되어 연평균 20% 증가하였으며, 지역 GDP중 차지비중도 21.8%에서 31.7%로 증가되었다.

5) 해양과학 기술혁신 추진 작용 확대

청도 해양과학기술 국가실험실 등을 포함한 46개 국가급 해양과학기술 플랫폼 구축이 완료되고 심해저 정거장, 투명해양, 심해저 시추 등 국가 대형과제를 주도하고 있다. 그리고 과학원 원사, 천인학자(千人學者) 등 해양분야 고급인력 유치에 주력하고 우한선박중공, 동방해양 등 혁신해양기업의 유치 및 육성에 성과를 보였다.

III. 해양강성 발전방안의 주요 내용

2018년 5월에 수립된 이 발전방안은 향후 5년 나아가 17년간 산동지역의 해양경제 발전 청사진을 제시하고 있다. 여기에는 기본원칙과 주요 목표와 전략 그리고 세부 추진과제 및 정책적 지원조치를 포함하고 있다.

1. 기본원칙과 개발이념

1) 기본원칙

육해 통합관리 및 공급측 개혁 확대, 세계 일류항만과 완벽한 해양산업체계 구축 그리고 지속 가능한 해양생태환경 조성 등 5대 구역을 중점적으로 개발할 예정이다. 이에는 국제 선진적인 해양과학 기술교육 견인 구역, 국가 해양생태문명 시범구역, 국가 해양경제 경쟁력 핵심구역, 국가 해양개방협력 선도구역, 국가 군민협력 선행구역 등이 포함된다.

2) 개발이념

구체적으로 '활력의 해양, 조화로운 해양, 아름다운 해양, 개방적인 해양, 행복한 해양 5대 개발이념을 제시했다. 첫째, 활력의 해양개발이다. 세부적으로 해양과학기술 및 체제 혁신 등을 통한 신성장 동력 확보, 경영환경 개선 등을 통한 시장 활성화, 해양문화의 소프트파워 향상 및 핵심경쟁력을 갖춘 현대화 해양경제 신체계 구축 등을 포함하고 있다.

둘째, 조화로운 해양개발이다. 육해통합관리 및 공간구조 개선, 해양경제와 국방수요 연계 등을 포함하고 있다.

셋째, 아름다운 해양 개발이다. 해양개발 목표에 해양생태문명 포함 및 녹색발전이념 강화, 생태보호홍선의 엄격한 이행, 해양생물다양성보호 및 복구, 해양생태환경의 지속적 개선 등을 포함하고 있다.

넷째, 개방적인 해양개발이다. 일대일로 연계 강화, 해양협력플랫폼 구축, 해양협력 모델 혁신, 블루 파트너관계(蓝色伙伴关系)구축, 전 방위적인 해양개방협력 신구도 구축 등을 포함하고 있다.

다섯째, 행복한 해양개발이다. 주민의 해양인식 강화, 해양공공서비스기능 강화, 해양경제발전에 있어 경제와 생태 및 문화 성과 중시, 연안주민의 생명재산안전 보장 등을 포함하고 있다.

2. 주요 정책목표와 공간적 개발방향

1) 주요 정책목표

세부적으로 3단계 정책목표를 제시하고 있다. 우선, 2022년까지 해양과학기술 혁신능력의 현저한 향상하고 해양산업 총생산 규모 대비 해양R&D 비중을 3.1%로 확대, 해양산업 총생산 연평균 9% 성장 확보, GDP 대비 해양산업 총생산 비중을 23%로 확대할 예정이다.

다음으로 2028년까지 해양산업 총생산 규모 3조 8천7백억 위안(한화 약 659조원)달성, GDP 대비 해양산업 총생산 비중 26%로 확대, 해양대성(大省)에서 해양강성으로의 전략적 전환을 달성하고 해양강국 실현을 위한 선두적 역할을 수행한다는 계획이다.

마지막으로 2035년까지 기본적으로 국가 해양강국 전략에 부응하고 발달된 해양산업, 첨단적인 해양과학기술, 우수한 해양생태환경, 선진적인 해양문화, 효율적인 해양관리체제를 확보함으로써 전체적으로 해양강성 목표를 달성할 예정이다.

2) 공간적 개발방향

육해통합 개발 및 관리 등 차원에서 선도구역 육성, 베이(Bay)경제 견인, 도서연계 발전, 반도(半島)기능 강화, 글로벌시장 개척 등 공간적 개발 방향을 제시하고 있는데, 이와 관련한 주요 내용은 다음과 같다.

첫째, 선도구역의 육성이다. 청도해양과학시티, 동북아 물류허브, 연해 중심도시 등 우세를 활용하고 청도 블루밸리, 국제크루즈 터미널, 군민융합혁신 시범구역 등의 기능을 강화함으로써 선진화된 글로벌 해양혁신센터, 해양발전센터, 국제해양시티로의 개발을 가속화할 예정이다.

둘째, 베이(Bay) 경제의 견인역할이다. 교주만(胶州湾), 래주만(莱州湾)을 기반으로 양대 해양경제벨트 조성 즉 교주만 지역은 해양첨단산업 클러스터, 해양과학기술혁신기지 등으로 개발하고 래주만은 수산, 해양광물자원개발, 해양신에너지, 첨단 해양화공산업 등 산업을 집중적으로 육성할 계획이다.

셋째, 도서연계 발전이다. 지역에 따라 5대 도서군으로 구분하고 도서 및 해역의 자원특징에 따라 해양생태목장, 해양문화관광, 항만물류, 해양생태관광 등 산업을 개발할 예정이다.

넷째, 반도기능의 강화이다. 7개 연해도시와 10개 내륙도시의 연계개발을 강화하고 육해 통합교통망을 구축하며 산업과 혁신, 물류, 생태사슬 등 제반 분야의 연계발전을 통해 세계적인 블루경제 시범구역으로 개발할 예정이다.

다섯째, 글로벌 시장의 개척이다. 세계 일류항만 개발을 목표로 대외협력을 위한 해상통로 구축, 일대일로 및 해상실크로드 개발 참여 가속화, 원양어업 및 극지수산, 광물자원 개발 추진, 해외산업단지 개발 등을 추진할 예정이다.

[표-2] 해양강성 발전방안의 기본원칙과 정책목표 및 개발방향

구분		주요 내용
기본원칙		• 육해통합관리 및 공급측 개혁 확대 • 세계 일류 항만, 완벽한 현대 해양산업 체계 구축, 지속 가능한 해양생태환경 등이 핵심 • 국제 선진적인 해양과학기술교육견인구역, 국가해양생태문명시범구역, 국가해양경제경쟁력핵심구역, 국가해양개방협력선도구역, 국가군민협력선행구역으로 개발
개발이념	활력의 해양	• 해양과학기술 및 체제혁신 등을 통한 신성장 동력 확보 • 경영환경 개선 등을 통한 시장 활성화 • 해양문화의 소프트파워 향상 및 핵심경쟁력을 갖춘 현대화 해양경제 신체계 구축
	조화로운 해양	• 육해통합관리 및 공간구조 개선 • 해양경제와 국방수요 연계
	아름다운 해양	• 해양개발목표에 해양생태문명 포함, 녹색발전이념 강화 • 생태보호홍선의 엄격한 이행, 구축 • 해양생물다양성보호 및 복구, 해양생태환경의 지속적 개선
	개방적인 해양	• 일대일로 연계 강화, 해양협력 플랫폼 구축, 해양협력 모델 혁신, 블루 파트너 관계 구축 • 전방위 해양개방협력 신구도 구축
	행복한 해양	• 주민의 해양인식 강화, 해양공공서비스기능 강화, • 해양경제발전의 경제·생태·문화성과 향유 • 연안주민의 생명·재산안전 보장
단계별 정책목표	2022년	○ 해양과학기술 혁신력의 현저한 향상 ○ 해양산업 총생산 대비 해양R&D 비중 3.1%로 확대 ○ 해양산업 총생산 연평균 9% 성장 확보 ○ GDP 대비 해양총생산 비중 23%로 확대
	2028년	○ 해양산업 총생산 규모 3조 8천7백억 위안(한화 약 659조원)달성 ○ GDP 대비 해양총생산 비중 26%로 확대 ○ 해양대성에서 해양강성의 전략적 전환 달성
	2035년	○ 기본적으로 국가 해양강국전략에 부응하고 발달된 해양산업, 첨단적인 해양과학기술, 우수한 해양생태환경, 선진적인 해양문화, 효율적인 해양관리체제를 확보한 해양강성 목표 달성

구분		주요 내용
공간적 개발방향	선도구역 육성	• 청도해양과학시티, 동북아 물류허브, 연해 중심 도시 등 우세를 활용하고 칭다오블루실리콘밸리, 국제크루즈터미널, 군민융합혁신 시범구역 등의 기능을 강화함으로써 국제 선진적인 해양혁신센터, 해양발전센터, 국제해양시티로의 개발을 가속화
	베이(Bay) 경제 견인	• 교주만(胶州湾), 래주만(莱州湾)을 기반으로 양대 해양경제벨트 조성 즉 교주만 지역은 해양첨단산업 클러스터, 해양과학기술혁신기지 등으로 개발하고 래주만은 수산, 해양광물자원개발, 해양신에너지, 첨단 해양화공산업 등 산업을 육성
	도서연계 발전	• 5대 도서군으로 구분하고 도서 및 해역의 자원 특징에 따라 해양생태목장, 해양문화관광, 항만물류, 해양생태관광 등 산업을 개발
	반도기능 강화	• 7개 연해도시와 10개 내륙도시의 연계개발 강화하고 육해 통합교통망을 구축하며 산업과 혁신, 물류, 생태사슬 등 제반 분야의 연계발전을 통해 세계적인 블루경제 시범구역으로 개발
	글로벌시장 개척	• 세계일류항만 개발을 바탕으로 대외협력을 위한 해상통로 구축 • 일대일로 및 해상실크로드 개발 참여 가속화 • 원양 및 극지수산, 광물자원 개발 추진 • 해외산업단지 개발 추진

자료: 산동성 해양강성 발전방안; KMI 중국리포트 제18-12호 재정리

3. 10대 추진전략과 세부 과제

상기 해양강성 발전방안의 주요 정책 목표를 달성하기 위해 해양과학기술 혁신, 해양생태환경 보호, 세계 일류항만 개발, 해양신산업 육성, 해양 전통산업 업그레이드, 스마트해양 프로젝트, 군민 융합, 해양문화 진흥, 해양 개방협력 확대, 해양 종합처리능력 향상 등 10대 추진 전략을 제시하고 전략별 3~6개 세부과제를 선정하여 적극 추진할 예정이다.

[표-3] 해양강성 발전방안의 10대 추진 전략과 세부과제

추진 전략	세부 과제
해양과학기술 혁신	• 주요 혁신 플랫폼 지원 확대 • 핵심 과학기술 혁신 프로젝트 추진 • 기업의 혁신주체지위 강화 • 과학기술 성과의 산업화 추진 • 해양인력 적극성 고취
해양생태환경 보호	• 해양생태보호체계 개선 • 육해오염방제체계 개선 • 자원순환이용체계 개선 • 해양 모니터링체계 개선
세계 일류항만 개발	• 항만자원 통합 • 스마트항만 구축 • 녹색항만 개발 • 화물 집합·분산 시스템 개선 • 항운서비스 강화
해양 신산업 육성	• 해양 첨단장비 제조 • 해양생물의약 • 해수담수화 및 종합이용 • 해양신에너지신소재 • 해양 서비스 • 해양환경 보호
해양 전통산업 업그레이드	• 해양관광, 수산, 해양식품 • 조선업과 해양화공
스마트해양 구축	• 해양 빅데이터 플랫폼 구축 • 해양정보 기술장비의 국산화 추진 • 해양종합 입체 관측망 구축
군민융합산업체계 개선	• 군민융합 혁신시범구 개발 • 군민융합 산업체계 개선 • 군민융합 혁신협력 확대 • 인프라 공동 개발 및 공유 추진
해양문화 진흥	• 해양인식 강화 • 해양문화의 계승과 발전 • 문화산업 육성
해양 개방협력 확대	• 대외개방 통로 확보 • 경제협력 확대 • 과학기술 협력수준 향상 • 국내 지역간 협력 강화
해양 통합관리능력 향상	• 해양경제 관리능력 향상 • 해양 종합 법집행능력 향상 • 국제 해양관리 참여능력 향상

자료: 산동성 해양강성 발전방안, KMI 중국리포트 제18-12호 재정리

4. 주요 지원책

해양강성 발전방안의 순조로운 이행을 위해 통합계획과 자원배치, 재정지원과 융자투자 서비스, 과학기술 지원시스템 등 분야의 혁신을 적극 추진하고 조직기능 강화, 시범사업과 핵심 프로젝트 추진, 감독 및 평가와 교육 및 홍보를 강화할 예정이다. 이에 관한 세부 조치는 다음과 같다.

첫째, 정책 및 제도 혁신에 있어 통합계획 수립을 통해 자원을 효율적으로 활용하고, 재정지원과 융자투자서비스, 과학기술 지원시스템 등 분야의 혁신을 통해 정부지원을 대폭 강화할 예정이다. 특히 재정지원의 경우 성급 재정에서 연간 55억 위안(한화 약 9,350억) 이상 지원, 해외 원양기지 개발 프로젝트당 최대 3,000만 위안(한화 약 51억 원)까지 지원, 해양신약 개발 및 산업화 기업당 최대 3,000만 위안까지 지원, 해양신산업을 위주로 세금 감면정책 부여 등을 추진할 예정이다.

둘째, 조직기능의 강화이다. 해양발전전략계획 전담기관(領導小組)의 기능 강화, 해양전문가 자문위원회 구성, 해양산업협회, 해양기업연맹 등 사회단체 역할 강화 등을 추진할 예정이다.

셋째, 시범사업 및 중대 프로젝트의 추진이다. 자유무역구 성공 경험의 벤치마킹을 통해 블루실리콘밸리 등의 해양경제 발전 시범구 개발을 가속화하고 10대 전략을 중심으로 중대 프로젝트에 대한 지원 확대와 더불어 글로벌 500대 기업 및 산업 선두기업의 투자유치를 적극 추진할 예정이다.

넷째, 감독 평가체계 개선 및 홍보 교육 강화이다. 해양강성 육성평가제도를 마련하여 각 지역의 경제사회발전 종합평가체계에 편입, 해양발전 전략계획 전담기관은 연간계획을 수립하고 이행에 대해 연2회 실사 수행, 정부와 기업 등 각계 종사자에 대한 교육과 홍보 등을 강화할 예정이다.

04. 산동성 해양경제 발전정책과 한중협력

[표-4] 해양강성 발전안의 주요 지원책

주요 조치	주요 내용
정책 및 제도 혁신	• 통합계획과 자원배치, 재정지원과 융자투자 서비스, 과학기술 지원시스템 등 분야의 혁신을 통해 정부지원 강화 • 산동성정부 재정에서 연평균 55억 위안(한화 약 9,350억) 이상 지원 • 해외 원양어업기지 개발프로젝트에 대해 최대 3,000만 위안(한화 약 51억)지원 • 해양신약 개발 및 산업화 기업에 대해 최대 3,000만 위안 지원 • 해양신산업을 위주로 세금 감면정책 부여
조직기능 강화	• 해양발전전략계획전담팀 기능 강화 • 해양전문가 자문위원회 구성 • 해양산업협회, 해양기업연맹 등 사회단체 역할 강화
시범사업 및 중대 프로젝트 추진	• 자유무역구 성공경험의 벤치마킹을 통해 블루실리콘밸리 등의 해양경제 발전시범구 개발 가속화 • 10대 전략을 중심으로 중대 프로젝트에 대한 지원 확대 • 글로벌 500대기업 및 산업 선두기업의 투자유치 추진
감독 평가체계 개선 및 홍보 교육 강화	• 해양강성 육성평가제도를 도입하여 각 지역의 경제사회발전 종합평가체계에 편입 • 연간계획을 수립하고 연2회 이행에 대한 실사 수행 • 정부, 기업 등 각계 종사자에 대한 교육과 홍보 강화

자료: 산동성 해양강성 발전방안, KMI 중국리포트 제18-12호 재정리

IV. 지역협력방향

1. 협력기반

1) 정책 연계 강화

  2017년 5월 문재인정부 출범이후 중국과의 협력 강화와 더불어 중국의 일대일로 정책과 '신북방'정책간 연계방안을 적극 추진해왔다. 이러한 가운데 같은 해 12월 중국을 방문하여 시진핑 국가주석과의 정상회담을 통해 한중 경제정책 및 국책사업 연계 필요성을 강조하고 이에 대한 합의를 도출함으로

서 향후 협력을 위한 기반을 마련했다.

또한 한반도 평화를 목적으로 제시한 '한반도 신경제지도' 구상에서 환서해(황해)경제벨트 개발을 제시하고 첨단산업과 물류산업을 적극 육성할 예정인 바, 향후 세부적인 정책 및 사업추진에 있어 동북 및 산동지역과의 협력이 필요하다.

[그림-2] 한국의 '한반도 신경제지도'구상과 중국의 '일대일로' 정책

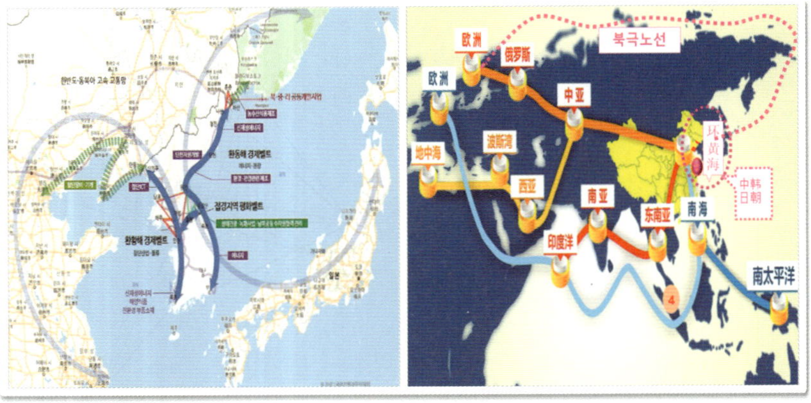

자료 : 한국국정기획인수위원회 및 중국의 바이두 재정리

2) 한반도 정세 변화

2018년 이후 북한의 국가정책 중심이 경제개발로 옮겨지고 북중, 남북한, 북미 정상회담이 잇달아 개최되면서 한반도 정세가 평화모드로 변화 추세를 보이고 있는데 이는 향후 중국-한반도 경제협력 확대를 위한 유리한 외부 환경을 조성해주고 있다. 특히 지리적으로 인접하고 경제교류가 밀접한 산동지역의 해양경제 발전정책은 한국기업에 있어 새로운 진출 및 협력의 기회를 제공해줄 것으로 기대된다.

2. 협력방향

1) 환황해 해양운명공동체 구축 추진

2017년 10월 19차 공산당 대표대회에서 '해양강국 가속화' 및 '인류운명 공동체 구축의 지속적 추진'이 강조된 이후 해양강국 추진과 해양운명 공동체 구축의 연계가 새로운 이슈로 대두되고 있다.

환황해지역은 중국의 전략적 요충지로 국가 핵심이익과 직결되며, 남북중을 포함한 주변국들은 지리적 인접성, 문화적 동질성, 경제적 보완성이 강하다. 따라서 황해를 기반으로 한 해양운명 공동체의 구축은 주변국들의 발전이익은 물론 동아시아 나아가서는 인류운명 공동체 구축을 위한 기반 마련에 기여할 수 있다.

환황해 해양운명 공동체는 인류운명 공동체의 지역 및 해양분야에서의 구체적인 실천이며 신형 국제해양관계라고 할 수 있다. 세부 실천 과제로는 전략적 신뢰의 해양 파트너관계, 원원 발전의 해양경제관계, 조화 공생의 해양생태관계, 교류 교감의 해양문화관계 등이 포함된다.

한국정부도 지역협력 비전을 담은 국정과제인 '동북아 플러스 책임 공동체' 형성을 적극 추진하고 있는바, 향후 환황해 해양발전 포럼, 동아시아 해양협력포럼(황도포럼) 등을 통해 주변국간 인식을 공유하고 세부 실천과제 협력을 위한 환경을 지속적으로 조성해 나갈 필요가 있다.

2) 항만·물류분야

2018년 한반도 정세 완화 및 북한의 경제개발전략 추진으로 한반도 중심의 물류네트워크 구축을 위한 유리한 환경이 조성되고 있다. 특히 우리나라의 '한반도 신경제지도'및 '신북방정책'을 중국의 '동북진흥'정책 및 '일대일로' 전략과 연계하는 물류네트워크 구축이 가능해지고 있다. 세부적으로는 한반도와 중국을 연결하는 서해안 물류·경제회랑(산동지역 항만과의 해상운송 포함)

등 개발을 적극 검토 추진할 필요가 있다.

특히 산동지역의 경우 세계 일류항만 개발전략에서 산동성정부 산하에 항만발전위원회를 설치하고 항만투자그룹을 설립하며 컨테이너, 광석, 액체화물 등 품목별로 합자기업을 설립하여 운영할 예정이다. 그리고 주요 항만에 육상전원 공급장치(AMP)를 도입하고 향후 3-5개 자동화터미널을 추가로 개발하며, 이러한 성과를 바탕으로 산동 국제항운센터의 개발을 가속화할 예정인데, 향후 항만 친환경 및 자동화장비 개발 등 분야에서 한중 협력이 가능하다.

또한 항만통합의 경우 지난 2018년 3월, 이미 빈주항(滨州港), 동영항(东营港), 유방항(潍坊港)을 통합하고 산동발해만항만그룹(山东渤海湾港口集团)을 설립했다. 향후 청도항과 위해항을 통합하고 나아가 연태항, 일조항, 발해만항과의 통합을 추진할 예정이다. 이러한 산동지역의 국제항운센터 개발을 위한 항만자원 통합 및 구조조정은 환황해권 항만물동량 변화에 영향을 미칠 것으로 예상되므로 이에 연구 및 대응 마련도 필요하다.

3) 원양어업

중국은 2020년까지 원양어업 생산량 230만톤을 달성한다는 계획을 수립하고 어업협정, ODA 투자 등을 통해 조업어장을 공격적으로 확장하고 있다. 특히 해외수산기지(산업단지 포함) 개발지원 정책을 수립하고 프로젝트당 최대 500만 달러를 지원할 예정이다.

현재 해외에 30여개 원양어업기지를 운영하고 40여개국의 EEZ와 태평양, 인도양, 대서양 등 공해에서 작업하고 있으며 파견선원은 4만7천명에 달하고 있다.

산동지역은 중국의 최대 수산물 생산지역으로 해외 원양어업기지 확보에 주력하고 있다. 최근 해외진출 사례로는 2018년에 승인한 중국(산동)-피지 어업종합 산업단지 프로젝트가 있다. 이 사업은 2022년까지 30개 수산업을 운영하는 기업을 유치할 예정이다. 환적터미널 개발, 어선 수리, 연료 및 물자

공급, 수산가공, 창고저장, 훈련 등 서비스를 포함한 종합단지로 개발하여 대양주-동태평양지역 최대 규모의 종묘 육성기지, 원양어업기지, 수산물가공센터, 기술훈련센터, 수산물교역센터로 발전할 계획이다.

한국도 2023년까지 원양어업 생산량을 90만 톤으로 늘린다는 목표아래 신규 어장 개척, 원양합작사업 활성화, 선원·복지 개선 국제협력 등을 적극 추진하고 있는바, 향후 해외 어업자원 조사, 친환경·복지형 어선 개발, 현지 합작사업 발굴, 해외 수산단지 개발 및 활용, 수산 저장·물류시설 활용, 선원 협력(교육훈련 포함) 등 분야의 국제협력을 검토할 필요가 있다.

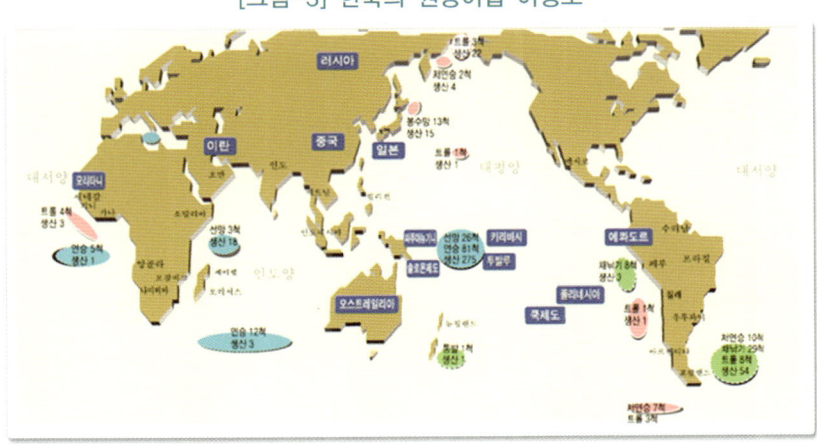

[그림-3] 한국의 원양어업 어장도

자료: 해수부

이에 앞서 지난 2015년 한중 양국은 제3국시장 공동 진출에 관한 양해각서를 체결함으로서 양국 수산기업이 공동으로 제3국 시장에 진출할 수 있는 기반을 마련한 바 있다.

4) 해양생태환경 보호

해양생태환경 보호는 중국 해양강국 비전의 주요 내용으로 산동지역도 해양강성 발전방안에서 10대 전략과제에 포함시키고 있다. 주요 조치를 살펴보면 해양주체기능구계획을 엄격히 이행하고 연안 1km 육역이내의 건물 신축을 금지하며 오염 및 침식이 심각한 해역과 해도에 대한 복구사업을 적극 추진할 예정이다. 그리고 주요 해역에 오염물질 배출 총량규제제도를 도입하고 해양생태문명 종합 시범구 개발을 가속화하며 실시간 해양모니터링체계를 구축할 예정이다. 또한 해양생태환경 보호계획(2018~2020)을 수립하고 관할해역을 17군 341개 지역으로 분류하여 지역별 특징에 따라 차별적인 환경보호방안을 수립할 예정이다.

지역협력 방안으로는 2017년에 개시된 황해광역생태계보전사업(YSLME) 2기 프로젝트를 산동지역의 해양생태환경 보호정책과 연계하여 추진할 필요가 있다. 그리고 지난해 6월 한중일 환경장관회의에서 해양쓰레기에 관해 공동 대응하기로 합의되면서 이를 위한 세부 실천과제 협력을 적극 논의할 필요가 있다.

5) 해양과학기술분야

산동지역은 중국 해양과학기술의 중심지역이다. 해양강성 발전방안의 해양과학기술 혁신전략에서는 우수한 해양과학기술 인프라를 적극 활용하고 집중적으로 블루밸리와 해양과학기술 국가실험실의 선두적 기능을 강화하며 칭다오와 워이하이의 해상종합테스트베드 등의 구축을 가속화할 예정이다. 즉 해양R&D투자를 확대하고 기술성과의 산업화를 통해 국제적인 영향력을 갖춘 해양과학기술 혁신센터로 발전함과 더불어 해양 신 성장 동력을 확보한다는 계획이다.

한국의 경우에도 2017년 한국해양과학기술원의 부산이전 완료로 그동안 추진해온 동삼동 해양클러스터 구축사업이 단계적 성공을 거두면서 세계적인 해양수산 R&D 허브로 육성할 수 있는 기반을 갖추게 되었다.

향후 해양과학기술 성과의 산업화, 해양스타트업 육성, 해양관측장비 등의 표준화 등 분야에서의 협력 가능성이 큰 것으로 예상된다. 그리고 심해저 광구 주요 투자국으로서 한중 양국은 첨단기술을 활용한 광물자원 탐사, 심해저 채광장비와 기술 개발, 해양환경 연구, ISA 국제규범 공동 대응, 해상테스트베드 공동 활용 등의 협력을 추진할 필요가 있다.

[표-5] 지역 해양협력을 위한 주요 실천 과제

구분	주요내용
환황해 해양운명공동체 구축 추진	• 전략적 신뢰의 해양파트너, 원원 발전의 해양경제, 조화 공생의 해양생태, 교류 교감의 해양문화 관계 구축 추진 • 블루경제 협력체제 구축과 블루 경제발전지표 및 표준의 공동 개발 등을 통해 환황해 블루경제권 형성 추진 • 해양인프라 개발과 항만간 협력 확대를 통해 물류효율 향상을 도모, 인적 및 문화교류를 촉진하고 해양관광 잠재력 발굴
해양정책 협력체제 강화	• 한중 해양과학기술협력 공동위원회의 기능을 확대 • 한중일 물류장관회의를 벤치 마킹하여 해양정보 공유 • 글로벌 해양이슈 공동 대응 등을 포함한 해양 제반분야를 협상하고 세부적인 협력방안 제시 필요
해양투자협력 체제 구축	• 산업분야에서 한중 해양투자협력체제 구축 및 산업별 실질적인 협력사업 발굴에 주력. • 해양산업 육성을 위해 기관설립과 해양펀드 조성. 예컨대 중국은 전략적 해양 신산업 펀드를 조성하였고 산동성은 해양투자공사 설립
해양협력 확산을 위한 네트워크 강화	• 환황해 해양협력포럼 및 산학연관 학술대회 확대 필요 • 한중 해양정보의 수집 및 공유, 양국 간 해양정책 비교 및 실질적인 협력방안 모색함으로써 양국 해양주관부서의 정책결정을 지원하고 한중간 실질적인 해양협력의 확산을 위한 네트워크 강화

구분	주요내용
해양표준화협력 강화	• 해상장비, 해양관측, 해양산업 등 분야의 국제표준 마련 추진 • 해양생태환경 보호, 해양관측 예보와 방지 등 해양표준 상호 인증 추진
국제 공동연구 강화	• 글로벌 해양 이슈, 양국 공동관심 분야 등을 중심으로 전문가 설문조사를 통해 우선 협력가능 과제를 발굴하여 단계적으로 추진

참고문헌

[1] 赵建东. 山东"海洋强省"建设带来的启示, 中国海洋报, 2019-2-20(2).

[2] 郑贵斌. 深刻认识海洋是高质量发展战略要地, 中国海洋报, 2018-03-15(3).

[3] 王哲. 山东海洋经济迈向"深蓝", 中国报道, 2017(12): 74-76.

[4] 王鑫. 山东半岛经济区经济发展与现代物流关系研究, 中国物流与采购, 2013(20): 72-73.

[5] 李宏. 海洋经济高质童发展的路径选择, 山东广播电视大学学报, 2018(3): 63-66.

[6] 李乃胜. 经略海洋. 北京 : 海洋出版社, 2018.

[7] 张丽淑. 山东海洋经济演化发展的区域比较, 山东工商学院学报第32卷第6期, 2018.12.

[8] 宋继宝. 山东省海洋经济发展前景展望, 海洋开发与管理S2, 2017.2.

[9] 韩立民. 科学经略海洋,加快建设海洋经济强省, 2018.9.

[10] 山东经济学院课题组. 山东半岛蓝色经济区与国内沿海区域经济合作研究, 经济理论与政策研究, 2014(00): 16-36.

[11] 加快建设海洋强省, 经略海洋山东有几张优势牌？, http://sd.ifeng.com/a/20180510/6563478_0.shtml(2019.3.12.검색).

[12] 2017年山东省海洋总产值占全省GDP近两成, http://news.ifeng.com/a/20180117/55198424_0.shtml(2019.3.14.검색).

[13] KMI중국연구센터. '해양강성 발전방안과 시사점', 중국리포트 제18-12호, 2018.6.29.

[14] 해수부. '원양산업의 미래 밝힐 청사진 그린다', 보도자료, 2019.1.7.

05
연안지역 개발에 있어서 지질환경 적합성 평가

张建伟(Zhang Jianwei)

연안지역 개발에 있어서 지질환경 적합성 평가

张建伟(Zhang Jianwei*)

국문초록

본 연구는 산동반도 블루경제구(山东半岛蓝色经济区)를 연구 대상으로 산동지역의 개발계획, 산업 클러스트 건설계획, 그리고 해당지역의 지질환경 여건, 수문지질, 공정지질, 환경지질 등 다양한 요소에 대한 통합조사를 통해 공간정보를 구축하고자 한다. 이러한 공간정보를 바탕으로 연안지역 개발사업 적합성에 대해 평가하고 나아가 평가지표시스템을 마련함으로써 각 평가지표의 중요성에 대해 분석하고자 한다. 아울러 지질환경 적합성 평가를 위해 계층분석법(analytic hierarchy process, AHP), 전문가 클러스터링 기법(Clustering), 퍼지매스(fuzzy math) 등 다양한 기법을 활용하여 지질환경 적합성에 대해 평가하였으며 산업단지계획과 지질환경 적합성 평가 결과를 종합적으로 분석하여 지역 개발계획 수립 시 지질환경문제로 인한 경제적 손실을 사전에 예방하기 위한 과학적 근거를 제공하고자 한다. 마지막으로 연안지역 개발에 있어서의 지질환경 적합성 평가를 위해 다중적인 평가기준을 계층화하여 정량화하는 방법을 제시하고자 한다.

키워드: 지질환경, 평가, 연안지역, 블루경제구

---

* 청도대학교 지질환경·자원학과 교수, 지질학박사.

I. 들어가면서

인구증가에 따른 자원이 고갈되고 환경오염이 심각해짐에 따라 바다의 가치는 더욱 중요해졌다. 이와 같이 해양경쟁시대가 개막되고 세계 각국의 경쟁이 심화됨에 따라 연안국들은 새로운 해양질서에 대응하기 위한 전략과 정책을 수립하게 되었다. 특히 연안육역과 해역을 포함하는 연안지역은 인간과 가장 밀접한 관계를 가질뿐더러 경제발전수준과 도시화가 빠른 속도로 진행되고 있어 "제1 해양경제구(第一海洋经济区)", 사회·경제지역의 "황금지역(黃金地帶)"이라 불린다.

연안지역 지질환경과 인간행위는 상호 영향을 미치기 때문에[1] 연안지역에서 추진하는 공정건설(工程建设)사업에 대한 지질환경 적합성 평가는 지역개발계획 및 의사결정에 있어서 중요한 의미를 가진다.[2]

주지하는바와 같이 지질환경 적합성 평가항목에는 지형, 기상, 수문, 지질구조 등 기본요소와 내·외부 지질작용, 지질자원, 지질환경, 경제개발 등 다양한 요소가 포함되는바, 각 요소에 대한 종합적이고 체계적인 평가가 필요하다.[3] 따라서 간단하고 사용하기 쉬울 뿐만 아니라 종합적인 계산방법으로 다양한 요인에 대해 평가방법을 확보하여야 한다.

중국정부는 "해양경제 발전, 해양자원 개발, 해양산업 육성, 산동반도 블루경제구 건설(大力发展海洋经济,科学开发海洋资源,培育海洋优势产业,打造山东半岛蓝色经济区)"을 강조하고 있다. 산동지역은 산동반도 블루경제구 건설을 위해 육지와 해양의 통합개발, 도농 일원화(城乡一体化)계획을 선도적으로 추진하였다. 아울러 산동반도 블루경제 육성을 위한 중점과제로 황하유역 출해통도(出海大通道), 환발해경제권 남부 융기대(环渤海经济圈南部隆

---

1) 侯金武. 地质环境是生态文明建设之基. 水文地质工程地质, 2014, 41(3): I0001.
2) 刘传正. 城镇建设中的地质环境科学利用问题. 水文地质工程地质, 2015, 42(4): 1~7.
3) Hao chen. Restricted parameter range promise set cover problems are easy. Frontiers of Mathematics in China, 2014, 9(6): 1253~1260.

起带), 동북 노후 공업지역과 장강삼각경제구의 허브지역을 연결하고 한중일 자유무역 선행구 건설 등이 포함된다.

그러나 산동반도는 연안지역에 위치하여 있는 관계로 블루경제구 건설에 있어서 지질환경 여건의 제약을 받고 있다.[4] 이와 동시에 연안지역 개발 또한 지질환경의 지속가능한 발전을 전제로 한다.[5] 본 연구는 산동반도 블루경제구를 대상으로 지질환경 적합성 평가를 시행함으로써 제약 요인을 밝혀내고 연안지역 개발을 위한 지질환경 보전 대책을 제시하고자 한다.

II. 국내외 연구 동향

1. 지질환경과 지역발전

지역개발은 지질환경과 밀접한 관계를 가지기 때문에 지역개발계획을 수립함에 있어서 지질환경 특성 및 지질 현황에 대한 이해를 바탕으로 합리적이고 효율적인 계획을 수립하여야 한다.[6] 오랜 시간 동안 지역개발계획 수립에 있어서 지질과학 및 지질학이 미치는 영향은 미미하였으나, 1990년대에 들어 현대적 도시건설 및 개발과 과학기술 수준의 향상으로 인해 지질환경오염이 점점 심각한 문제로 부각되었다. 지질환경오염의 원인에는 주로 수자원과 토양 오염, 도시 교통 및 주택건설로 인한 지질환경 문제가 있는데[7], 지역개발계

---

4) 李延峰, 宋秀贤, 李虎. 山东半岛蓝色经济区海域生态环境综合评价. 环境科学研究, 2014, 27(5): 560~566; 刘佳, 万荣, 陈晓文. 山东省蓝色经济区海洋资源承载力测评. 海洋环境科学, 2013, 32(4): 619~624; 王涛. 论山东半岛蓝色经济区建设. 中国资源综合利用, 2015, 33(6): 47~50.
5) 刘嘉麒, 吕厚远, 袁宝印等. 人类生存与环境演变. 第四纪研究, 1998, (1): 80~85; 王青, 朱继平, 史本恒. 山东北部全新世的人地关系演变：以海岸变迁和海盐生产为例. 第四纪研究, 2006, 26(4): 589~596; Dillehay T D. Climate and human migrations. Science, 2002, 298: 764~765.
6) Sakr S A. Validity of a sharp-interface model in a confined coastal aquifer. Hydrogeology Journal, 1999, (7): 155~160.
7) Malamud D. The applicability of power-law frequency statistics to floods.

획 수립 시 지질환경 여건을 충분히 고려할 시 이러한 문제점을 사전에 예방할 수 있다고 생각된다. 이러한 문제점을 해결하기 위해 일부 학자들은 지역별 지질환경 종합평가를 위한 연구를 수행하여야 한다는 주장을 하고 있다.[8] 앞에서 언급한바와 같이 인구의 증가, 산업화에 따른 도시개발과 무질서한 도시공간의 확장으로 토지, 수자원, 지하공간에 대한 개발이 강화되고 도시개발에 따른 지질환경이 파괴되고 지질탐사 및 지질환경 보호의 중요성이 날로 강조되었다. 지질환경 보호에 관한 사항에는 지속가능한 지역개발계획 수립을 위해 지질탐사 및 관측 정보를 제공하며, 개발사업 추신 시 지질재해를 사전에 방지하고 통제하며, 사회학과 의학 등 관련 분야의 전문지식을 바탕으로 도시 급수, 토양오염, 도시 열섬현상 등 환경오염 문제를 사전에 예방할 수 있도록 조치를 취해야 한다.[9]

현대적 의미에서 지질환경연구는 제2차 세계대전 이후에 시작되었다. 1970년대에서 1990년대에 이르기까지 선진국들은 종합적인 지질환경연구에 있어서 큰 성과를 거두었으며 전 세계의 주목을 끌게 되었다.[10] 또한 지질관련 행정부서를 설치하고 도시개발계획 및 건설계획 수립하기 위한 지질환경 기초 데이터와 전문적 분석 자료를 제공함으로써 자원의 효율적인 이용과 개발, 사회의 지속적인 개발에 기여하였다.

그밖에 지질환경 정보화 사업은 지질연구 및 적합성 평가에 있어서 큰 의미를 가지는바 국제사회의 높은 관심을 받고 있다.[11] 예컨대, 영국정부의 "런던

Journal of Hydrology, 2006, 32(4): 168~180.
8) 苏涛. 我国城市地质灾害的主要类型及防治措施. 科学咨询, 2009, (9): 17~18.
9) Ayalew, L. Landslides in Sado Island of Japan: Part Ⅱ. GIS-based susceptiblity mappig with comparisons of results from two methods and verifications. Engineering Geology, 2005, 81(4): 432~445.
10) Gorsevski V. Spatially and temporally diatributed modeling of landslide susceptibility. Geomorphology, 2006, 80(3): 178~198.
11) Ayalew, L. The application of GIS-based logistic regression for landslide susceptibility mapping in the Kakuda-Yahiko Mountains, Central Japan. Geomorphylogy, 2005, 65(2): 15~31.

지하 및 지표지질 정보화사업계획서(LOCUS)"에 따르면 런던지역의 환경관리, 토지이용계획, 공정설계 및 프로젝트 수행을 위해 지질환경 정보를 제공함으로써 다양한 지질문제에 능동적으로 대응할 것을 요구하고 있다. 이와 같이 도시개발계획 및 환경관리와 토지이용에 있어서 지질정보의 중요성은 날로 커지고 있으며 지질정보를 충분히 고려하여 도시개발을 추진하는 것이 국제적 추세이다. 아울러 미국 사회과학원, 캐나다 자연자원부, 브라질, 네덜란드, 호주, 러시아 등 국가의 주요 도시에서 지질환경정보기술을 개발하고 및 지질환경정보시스템을 구축함으로써 지역개발 및 지질환경보호, 지질재해 예방에 효율적으로 대처하고 있다.[12]

중국의 경우 홍콩지역이 국내 최초로 1991년부터 지질환경을 조사하고 정보시스템(GSDB)을 구축하였다. 관할지역의 지질자료를 도시개발 및 재해 예방을 위해 이용할 수 있도록 DB로 구축하여 체계적으로 관리하고 사용자가 쉽고 편리하게 이용할 수 있도록 함으로써 정책수립에 기여하고 있다. 그 후 북경, 상해, 광주 등 대도시에 지질환경 정보시스템 구축에 나섰으며 보다 효율적이고 통합적으로 지질정보를 활용하고 관리하기 위해 노력하고 있다. 이러한 지방정부의 지질정보 수집 및 관리에 관한 업무는 전국의 지질환경정보 구축을 위한 기반을 마련하였다.[13]

2. 지질환경 적합성 평가

개발행위에 따른 지질환경문제가 날로 심각해짐에 따라 도시개발계획 수립에 앞서 지질환경적합성 평가를 수행하도록 요구하고 있다. 아래에서는 지역별 도시개발 및 지질환경조사에 관한 기존 문헌연구에 대해 소개하고자 한다.

---

[12] Claessens, L. Modeling the location of shallow landslides and their effects on landscape dynamics in large watersheds: An application for Northern New Zealand. Geomorphology, 2007, 87(1): 16~27.
[13] 吴冲龙, 刘刚. 中国数字国土工程的方法论研究. 地球科学, 2002, 27(4): 605~609.

조중해(赵忠海)는 북경 문두구 신성(北京门头沟新城)의 수문지질, 공정지질, 지질재해 등 주요 요인에 대해 분석함으로써 지질환경적합성에 대해 평가하고 이를 바탕으로 기능구역을 설정하고 도시개발에 따른 지질환경문제를 사전에 예방하고 효율적으로 도시개발을 추진하여야 한다고 주장하였다.[14] 장리(张丽)는 장강삼각주지역의 지질여건 및 지질환경 문제에 대해 체계적으로 분석함으로써 산업용지 수요가 증가함에 따라 도시개발에 따른 지질환경문제를 해결하고자 하였다. 또한 지질환경 적합성 평가지표 시스템을 구축하고 계층분석법을 활용하여 각 요인에 대한 가중치를 분석하며, 퍼지 매스기법을 활용하여 지질환경 적합성에 대한 종합적인 평가를 수행한 결과 전반적으로 좋게 평가되었다.[15] 샤유(夏友)는 정주시(郑州市) 지하공간 이용 및 지질환경 적합성에 대한 분석을 진행하였다. 연구는 정주시 지하 공간과 지질환경의 상호관계에 대해 연구함으로써 평가지표 요인을 선정하고 요인간의 관계에 대해 분석하기 위해 계층분석법을 활용하여 가중치를 구하고, 퍼지 매스기법을 활용하여 지질환경 적합성에 대해 평가하였다. 연구 결과 지하공간 개발이 적합한 곳과 적합하지 않은 곳이 각 50%를 차지하였으며 실제 개발계획이 타당함을 입증하였다.[16]

텐펑웨이(田鹏伟)는 계층분석법, 퍼지 매스기법을 활용하여 식물 피복율, 수질, 대기질 등 지표를 설정하고 로야초광구(老鸦巢矿区)의 생태환경에 대해 종합적으로 평가하였다. 이러한 평가방법은 전통적인 경험평가방법 보다 객관적이고 합리적이다.[17] 리멍제(李梦婕)는 주요 성분분석법과 퍼지 매스이론을 결합하여 도시생태지표를 설정하고 이를 바탕으로 남경시(南京市) 생태계 건

---

14) 赵忠海. 北京门头沟新城规划分区地质环境适宜性探讨. 中国地质灾害与防治学报, 2011, 22(3): 106~112.
15) 张丽, 龙翔, 苏晶文等. 长江三角洲经济区工业用地地质环境适宜性评价. 水文地质工程地质, 2011, 38(3): 124~128.
16) 夏友, 马传明. 郑州市地下空间资源开发利用地质适宜性评价. 地下空间与工程学报, 2014, 10(3): 493~497.
17) 田鹏伟. 层次分析与模糊数学综合评判法下的矿区生态环境. 山西建筑, 2015, 41(9): 200~201.

강상태에 대해 평가하였다. 평가결과 도시생태계는 상대적으로 강한 활력을 갖고 있는 것으로 나타났다.[18]

양루메이(杨露梅)는 계층분석법을 활용하여 남경시 지하수 열펌프 시스템의 적합성 평가를 수행하였다. 연구팀은 지질, 수문지질, 물화학 여건, 수온장(水溫場) 등 요인에 대해 평가함으로써 개발적합지역, 비교적 적합한 지역, 개발에 적합하지 않은 지역을 확정하고, 나아가 자원의 효율적인 이용을 위한 방안을 제시하였다.[19] 조웨왕(赵月望)은 지질환경 요소가 도시화 과정에서 발생하는 수토자원의 결합관계에 미치는 영향에 대해 분석하였다. 연구팀은 평가지표를 설정하고 수자원과 토지자원의 복합적인 개발행위에 대해 평가하고 핵심 요인을 도출함으로써 보다 효율적인 개발방안을 제시하였다.[20] 리더이(李德一)는 하얼빈-대경-치치하얼 지역의 도시개발 적합성 평가를 수행하였는데 자연 적합성, 생태 중요성, 개발 잠재력, 정책 조정 등 4개 요인에 대한 분석을 통해 평가시스템을 구축하고 중복방법을 활용하여 결론을 도출하였다. 이에 따른 평가결과는 지역계획 수립, 기능구획 선정을 위해 과학적인 근거자료로 제공하였다.[21]

이처럼 지질환경에는 지질, 자원, 환경, 생태 등 다양한 요소가 포함되며 다양한 요소가 상호 연결되어 유기적으로 작용한다. 따라서 지질환경 적합성 평가는 지역개발계획, 도시건설, 생태 보전, 수자원 안전, 자연재해 예방 등 문제를 해결하기 위한 대책을 마련할 수 있다.[22] 기존 문헌연구에 대한 분석을

---

18) 李梦婕, 申双和, 李雨鸿等. 模糊数学方法评价南京城市生态系统健康形势. 科学技术与工程, 2014, 15(22): 107~115.
19) 杨露梅, 朱明君, 鄂建等. 南京市地下水地源热泵系统适宜性分区评价：基于层次分析法和熵权系数法. 现代地质, 2015, 29(2): 285~290页.
20) 赵月望, 解建仓, 黄银兵等. 城市化进程中区域水土资源复合开发效应. 水土保持学报, 2012, 26(2): 224~228.
21) 李德一, 张树文. 基于千米格网的区域城市土地开发适宜性评价. 测绘科学, 2012, 37(2): 60~62.
22) 杨建锋, 张翠光. 地球关键带: 地质环境研究的新框架. 水文地质工程地质, 2014, 41(3): 98~104; 方成, 孙晓明, 康慧等. 遥感技术在曹妃甸海岸带地质环境调查中的应用. 水文地质工程地质, 2015, 42(3): 119~127; 李海龙, 万力, 焦赳赳. 海岸带水文地质学研究中的几个热点问题. 地球科学进展, 2011, 26(7): 685~694.

통해 알 수 있는바 지질환경 적합성 평가에 있어 가장 많이 활용되는 기법은 계층분석법과 퍼지매스 기법이며, 이러한 기법을 활용하여 평가한 결과 및 정책적 제안은 실제 상황에 부합되며, 효과적이다.[23]

III. 연구 대상지역의 자연지리 및 지질환경

1. 자연지리 및 사회경제

1) 지리적 위치

산동반도는 중국 산동성 북동부에 있으며 황해에 접해 있고, 바다쪽으로 한반도와 가까운 거리에 위치해 있다. 북쪽은 요동반도와 대치하면서 발해를 둘러싸고 있다. 침강해안에 형성된 작은 만에 청도, 위해, 연태 등의 항구가 입지하여 있다. 산동반도 해안은 굴곡이 심하고 3427.5km에 달하는 긴 해안선이 있으며, 아름다운 자연경관과 풍부한 자연자원을 보유하고 있어 급속한 경제발전을 가져왔다. 산동반도 블루경제구(그림-1)는 남쪽의 일조시와 북쪽의 빈주시를 연결하는 부분을 말하는데 구제척인 좌표는 117° 31′ 33″~122° 42′ 28″ E′ 35° 04′ 37″~38° 12′ 24″ N이다.

2) 기후 및 기상

산동반도는 난온대 계절풍 육상기후로서 4계절이 잘 어우러져 기온이 따뜻하다. 연간 평균 기온은 11.8℃이며 1월이 가장 춥고 7월이 가장 덥다. 이처럼 산동반도는 현저한 계절풍 특징을 가진다. 겨울철에는 편북풍이 불고 여름철에는 편남풍이 분다.

---

23) 刘晓龙, 刘占宁. 矿山地质环境综合评价方法研究. 地质灾害与环境保护, 2014, 25(3): 49~55.

3) 하천수계

산동반도는 하천이 많으며 크고 작은 하천이 1,000개 넘게 있다. 그중 10km이상이 하천이 1,500개 있으며, 50km 이상인 하천이 21개 있고, 100km 이상인 하천이 11개 있으며, 400km 이상인 하천에는 황하가 있다. 최근에는 연이은 가뭄으로 많은 하천의 물이 끊기거나 마르고, 일부 하천은 화학공학, 제련, 선광(選矿), 식품가공 등 산업오폐수 배출로 인해 수질이 심각하게 오염되었다.

4) 지형지모

산동반도 지세는 서쪽과 남쪽이 높고, 동쪽과 북쪽이 낮으며, 고도는 해발 10m이고, 경사도는 1/5,000~1/10,000이다. 산은 암석 노출이 심한 바위산으로 토양 피복이 적다. 평원은 연안평원과 산비탈을 따라 펼쳐진 평원이 있다.

5) 사회경제

산동반도는 중국에서 가장 오래된 농업지역일 뿐더러 수산, 염업 등 해양산업도 발달되었다. 연안지역에 위치한 도시는 인구가 상대적으로 밀집되어 있고 경제가 발달되었으며 해양산업이 전체 GDP의 20% 이상 차지한다. 도시와 농촌 인구의 1인 소득수준은 산동성 평균 1인 소득수준 보다 1000위안 정도 높다.

아울러 산동반도는 전국 1/6의 해안선을 보유하고 있어 해양자원이 풍부하다. 산동반도는 일본, 한국과 바다를 마주하고 있다. 산동반도 블루경제구에는 9개의 핵심 구역(그림-1)이 있는데 이에는 정자만 해상신성(丁字湾海上新城), 유방 해상신성(潍坊海上新城), 해주만 중화산업 클러스터(海州湾重化工业集聚区), 전도 기계제조업 클러스터(前岛机械制造业集聚), 용구만 해양장비제조업 클러스터(龙口湾海洋装备制造业集聚区), 빈주 해양화공산업 클러스터(滨州海洋化工业集聚区), 동가구 해양고신과학산업 클러스터(董家口海洋高新科技产业集聚), 래주 해양신재생에너지산업 클러스터(莱州海洋新能源产业集聚区), 동영 석유산업 클러스터(东营石油产业集聚区) 등 9개가 있다.

[그림-1] 산동반도 블루경제구 지리위치 및 산업계획도

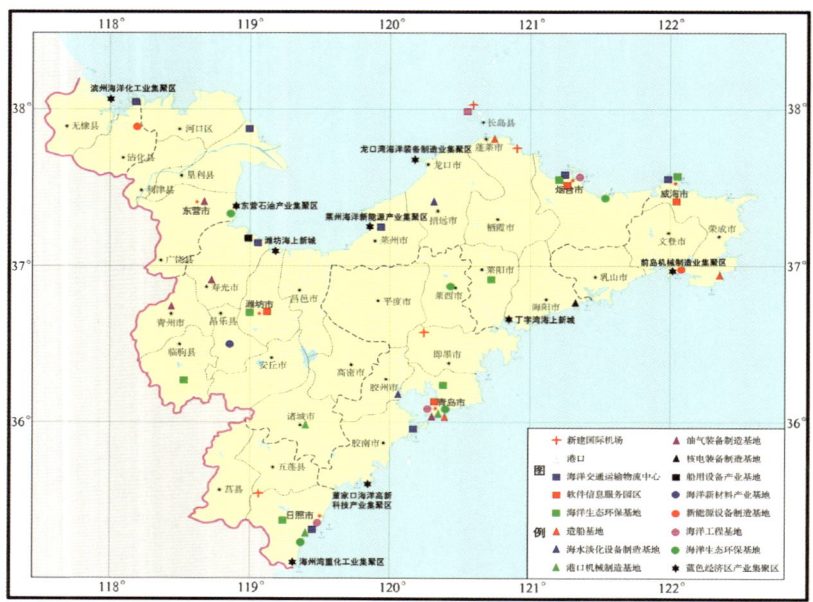

2. 지질환경 여건

1) 산동반도 지질 배경

산동반도 지층은 화북지역(华北地区) 대층진기노예지층구(大层晋冀鲁豫地层区)에 속하며 퇴적시기(沉积时代)는 태고대(太古代)에서 신생대(新生代)에 이른다. 지층구조는 화북육괴(华北陆块)와 소노조산대(苏鲁造山带) 2개의 구조지질단원(大地构造单元)에 위치해 있으며, 수차례의 지각변동을 거

쳐 북북동, 북동향, 동서향의 구조를 형성하게 되었다. 화성암(岩浆岩)은 노동구조(鲁东构造) 암장구(岩浆区)에 속하며 형성시기는 태고 누대(太古宙), 신원생대(新元古), 중생대(中生代)가 있다.

새로운 지각활동이 비교적 활발하며 중국 대륙의 동부빈태평양구조역(东部滨太平洋)에 위치해 있다. 또한 유명한 담루대단열(郯庐大断裂)은 역내의 주요 활동 단열시스템으로 지역의 안정성, 지진 발생에 대해 중요한 영향을 미친다. 그 밖의 관련성 있는 차등급의 단열도 강한 활동을 보여주고 있다.

2) 수문지질

산동반도의 수문지질은 지형지모, 암성구조(岩性构造)의 영향을 많이 받는다. 산동반도 수문지질은 연안산지구릉(滨海山地丘陵区), 곡지평원구(谷地平原区)의 특징을 가진다. 지하수자원 분포가 고르지 않으며 산악지역 보다 평원지역의 지하수자원이 풍부하다. 지하수 보급은 주로 대기 강수량이며 인공 개발을 통해 배설한다.

자연적 여건 하에서 지하수 수질의 변화는 원생 지질환경 품질(原生地质环境质量)과 밀접한 연관을 가지나 지하수 수질의 변화는 완만한 변화과정이다. 그러나 인간행위의 강한 간섭으로 인해 일련의 차등급 지질환경 문제를 야기하게 되었다.

지하수층의 깊이는 지하수 수면에서 지면의 거리를 의미한다. 지하수층 깊이가 깊은 곳에 공정사업 또는 건축사업을 추진할 경우 건물의 기둥이 지하수층 수위 이하로 매립되어야 시공 시 판축토가 지하수의 영향을 받지 않는다.

지하수 부식성은 콘크리트 구조물의 내구성과 안정성에 큰 영향을 미친다. 건축법규의 관련 규정에 따르면 산동반도 지하수는 염소이온 수치가 ≥500mg/L이거나 황산이온 수치가 ≥1,400mg/L, 또는 염소이온과 황산이온 수치의 합이 ≥1,500mg/L일 경우 건설 구조물에 영향을 미치는 부식성 지하수로 규정하고 있다.

3) 공정지질

 암석과 토양은 모든 건축물의 기초로서 공정지질의 기초여건을 확정한다. 연안지역은 지반이 연약하고 토양에 수분함량이 높고 지지력이 낮은 기반으로 건설공사에 있어서 극히 불리한 여건을 갖고 있다. 특히 매립지나 간척지의 경우 지지력이 작은 지반으로 자주 지반 침하가 생기고 진해(震害)도 받기 쉽다. 간척지나 매립지의 경우 점토 함유량이 높아 30-60%에 달하며 흙에 포함된 광물질은 녹니원광(水云母)와 몽덕석(蒙德石)이 주를 이루고 다량의 유기물이 포함되어 있다. 유기물 함량은 5-15%에 달하며 최대값은 17-25%에 달한다. 따라서 하중의 영향을 받아 토양의 압축으로 인한 변형이 발생하고 판축토의 손상과 토목 구조물의 안정성을 떨어뜨리고 있다.

4) 공정지질

 산동반도 연안지대는 토양 염류화가 심한데 주로 래주만(莱州湾) 연안지대, 동영지역(东营地区) 중북부, 유방지역(潍坊地区) 북부, 교동(胶东) 연안지역의 염류화가 심각하다. 토양 염류화는 토양에 염류가 유입되어 집적되든가 또는 심층의 염이 표층으로 상승하여 집적하는 현상을 말하는데, 생물권에 부정적인 영향을 끼쳐 환경, 경제 및 사회적 문제의 원인이 되며 전 지구적인 환경문제로 등장하고 있다.

 산동반도는 토양염류화 현상으로 인해 붕괴, 산사태, 이석류, 지반 침하, 균열, 광산 환경오염 등 지질재해를 겪고 있다. 이는 지형, 지모, 암성, 지질구조, 기후 등 자연 여건과 인간의 개발행위에 따른 영향을 종합적으로 받은 결과이다.

 산동반도는 지방병성 만성치아불소증(地氟病), 지방병성 갑상선종(地甲病), 케샨병(克山病, 심장근육병증), 캐신벡병(大骨节病, 전신성 골관절증), 지방병성 간종창(地方性肝肿大) 등 질병이 발생하고 있다.

또한 하천과 바다에서 해사채취, 하천 상류지역에서의 저수지 건설 등 개발행위로 인해 연안침식이 증가하고 있다.

5) 지질자원

지하수 채수 시 안전 채수량이 많은 암반대수층에서 채취해야 하나 지하수 과잉 채수로 인해 지하수 자원의 고갈과 함께 지하수면 하강과 지반침하, 해수 침투 등 환경문제를 야기한다.

산동반도는 지열에너지가 풍부하며 관련 산업이 발달되어 있는데 현재 14개의 지열지대가 존재한다.

산동반도는 관광자원이 풍부하고 관광산업이 발달하였다. 관광자원에는 아름다운 자연 경관, 자연보호구, 산림공원이 포함되며, 인문관광자원에는 문화유산, 건축물이 있다.

Ⅳ. 지질환경 적합성 평가 방법

1. 평가방법 유형

지질환경 적합성 평가는 다요인, 다기준, 다계층에 대한 분석을 바탕으로 공간과 관련된 의사결정을 지원하는 방법을 의미한다.[24] 평가에 활용되는 방법과 이론은 다양하고 복잡하다. 예컨대 벡터 모델방법(矢量模法), 요인비교법(因素比较法), 퍼지종합평가법(模糊综合评判法), 전문가 클러스터링 방법(专家聚类法), 주성분 분석방법(主成分分析法), 다극연계분석법(多极关联分析法), 다변량 통계방법(多元统计法), 질량계수법(质量系数法), 글레이 클러스터링방법(灰色聚类法), 복합퍼지거리법(复合模糊距离法), 뉴럴 네트

---

[24] 郑金华, 申瑞珉, 李密青等, 多目标优化的进化环境模型及实现. 计算机学报, 2014, 37(12): 2530~2547.

워크방법(神经网络法), K-means방법 등이 있다.[25] 기존의 평가방법 중에서 각 요인에 대한 계층분석을 통해 가중치를 부여하는 방법이 가장 보편적으로 활용된다.[26] 실제 중첩평가 계산기법을 활용할 시 전문가 클러스터링, 퍼지매스기법 등도 같이 활용된다.[27]

지질환경 적합성 평가는 지질자원, 지질여건, 환경의 질, 경제개발 수준 등 다양한 요인의 영향을 받는바 평가지표를 정량화하기에는 많은 어려움이 있다. 통설에 의하면 퍼지 매스기법과 계층분석법, 전문가 클러스터링 등 방법을 종합적으로 활용하여 지질환경 적합성 평가를 수행하는 것이 바람직하다고 한다.

2. 평가방법 유형

1) 계층분석법

계층분석법(Analytical Hierarchy Process, AHP)이란 의사결정 목표 또는 평가기준이 다중적인 경우 이를 세부 요인으로 계층화하여 요인별 상대적 중요도 비교 등을 통해 각 요인들을 순위화시키는 기법으로 정량적 요소와 정성적 요소를 동시에 고려할 수 있는 장점이 있다. 예컨대 두 개의 물체 A_1, A_2, …, A_n 총 n개가 있다고 가정할 경우 중요도를 w_1, w_2, …, w_n으로 나타낼 경우 n×n에 관한 행렬을 구성할 수 있다.

---

[25] Jiewei Liu, Junwei Ma, Yanzhong Liu, et al. Optimized production of a novel bioflocculant M-C11 by Klebsiella sp. and its application in sludge dewatering. Journal of Environmental Sciences, 2014, 37(10): 2076~2083.
[26] 聂瑞, 肖娟, 赵辉. 基于层次分析法的三川河健康评价. 生态科学, 2015, 34(3): 103~108.
[27] 肖正辉, 宁博文, 杨荣丰等. 多层次模糊数学法在湘西北页岩气有利区块优选中的应用. 煤田地质与勘探, 2015, 43(3): 33~37.

$$AW = \begin{pmatrix} w_1/w_1 & w_1/w_2 & K & w_1/w_n \\ w_2/w_1 & w_2/w_2 & K & w_2/w_n \\ K & K & K & K \\ w_n/w_1 & w_n/w_1 & K & w_n/w_n \end{pmatrix} \times \begin{pmatrix} w_1 \\ w_2 \\ K \\ w_n \end{pmatrix} = nW$$

계층분석 모델 구조에는 지질환경 적합성(계층분석 목표층 A), 사업시행 적합성을 제약하는 요인(계층분석 제약층 B), 제약 요인의 서브시스템(계층분석 원소층 C) 등이 포함된다.

2) 전문가 클러스터링 방법

전문가 클러스터링방법의 수학공식은 아래와 같다.

$$총점 = \sum_{i=1}^{n} 평가인자\ 점수 \times 평가인자\ 가중치$$

여기서 n은 평가인자의 수를 나타낸다.

3) 퍼지매스 기법

퍼지 매스기법은 복잡한 변화 원리와 최대 구성원 원칙을 활용하여 연구대상에 대해 평가하는 방법이다. 본 연구에서 활용한 수학공식은 아래와 같다.

$$f_3(z_1, z_2, \ldots, z_n) = \sum_{j=1}^{n} c_j z_j \quad c_j \geq 0$$

평가기준이 다중적인 관계로 평가대상물을 객관적이고 종합적으로 평가하기 위해 아래와 같은 공식을 세웠다.

$$M(+, \bullet), C_1 + C_2 + \ldots + C_n = 1$$

Ⅴ. 지질환경 적합성 평가 결과

1. 인자 가중치(因子权重)

본 연구는 평가대상 인자에 대해 종합적으로 평가하기 위해 등급인자의 가중치를 설정하고 평가체계를 마련하였다(표-1).

[표-1] 평가지수체계 및 인자 가중치 값

1급 평가인자	1급인자 가중치	2급 평가인자	2급인자 가중치
지형 A	0.2188	지형경사도 A1	1.0000
수문지질 B	0.1562	지하수 수질 B1	0.2727
		함수층 수원함양 B2	0.2727
		지하수 보급구 B3	0.0910
		지하수 오염도 B4	0.3636
공정지질 C	0.3125	지역 안전성 C1	0.0769
		지하수 수위 C2	0.2051
		지하수 부식성 C3	0.2051
		몰리솔 C4	0.2051
		알칼리성 토양 C5	0.1539
		활동성 단열 C6	0.1539
환경지질 D	0.1875	지질재해 D1	0.4000
		지방성병 D2	0.2000
		연안침식·침적 D3	0.4000
이용 가능한 자원 E	0.1250	지하수 물 생성지역 급수거리 E1	0.1923
		지하수 물 생성지역채취가능 물자원량 E2	0.2692
		지열에너지 E3	0.3077
		관광자원 E4	0.2308

2. 평가방법

　개별 인자 매핑(成图)은 지질환경 정보를 데이터베이스화하여 목적에 따라 결과물을 생산하는 과정으로서 정확한 데이터를 기반으로 한다. 따라서 GIS "영역(区)"과 "면(面)"은 관련 이론에 근거하여 수치 또는 값이 부여되며 모든 점은 속성자료를 구성한다. 또한 컴퓨터 그래픽 기술과 GIS를 결합하여 지질환경 적합성 중첩계산을 하고 정량화한 총점에 대해 Surfer 소프트웨어를 활용하여 등치선을 구하고, 지질환경 적합성 배치도를 도출한다. 이 경우 모든 "영역"에 관한 사업수행 적합성 즉 정량화 점수를 얻을 수 있다.

[그림-2] 평가 계산과정

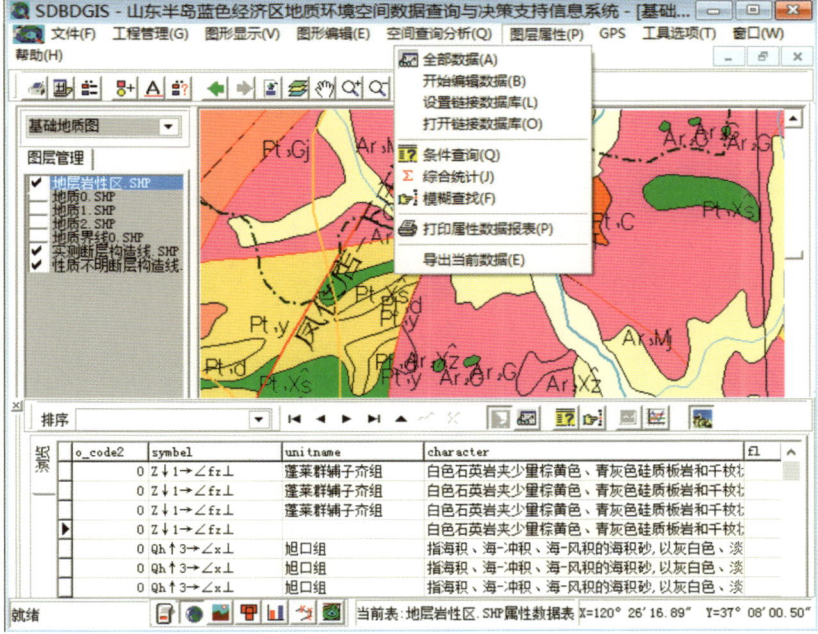

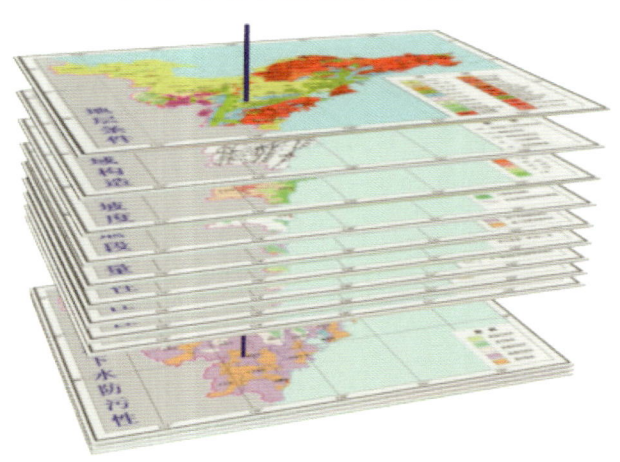

[그림-3] 평가계산 중첩과정 설명도

2. 평가결과

지질환경 적합성 등급기준(표-2)에 의하면 산동반도 블루경제구의 적합성은 매우 적합하다(良好区), 적합하다(较好区), 보통이다(中等区), 적합하지 않다(较差区), 매우 적합하지 않다(差区)로 구분할 수 있으며, 5개 영역이 차지하는 면적은 2,285㎢, 22,254㎢, 24,223㎢, 10,147㎢, 5,091㎢이며, 전체 면적에서 차지하는 비중은 3.57%, 34.77%, 37.85%, 15.85%, 7.96% 이다. 지질환경 적합성 등급별 분포 및 특성은 그림-3과 같다.

[표-2] 지질환경 적합성 등급구분 기준

적합성 등급	매우 적합하다	적합하다	보통이다	적합하지 않다	매우 적합하지 않다
	I	II	III	IV	V
평가 점수	〉90	80~90	70~80	60~70	〈60

[그림-4] 지질환경 적합성 평가 배치도

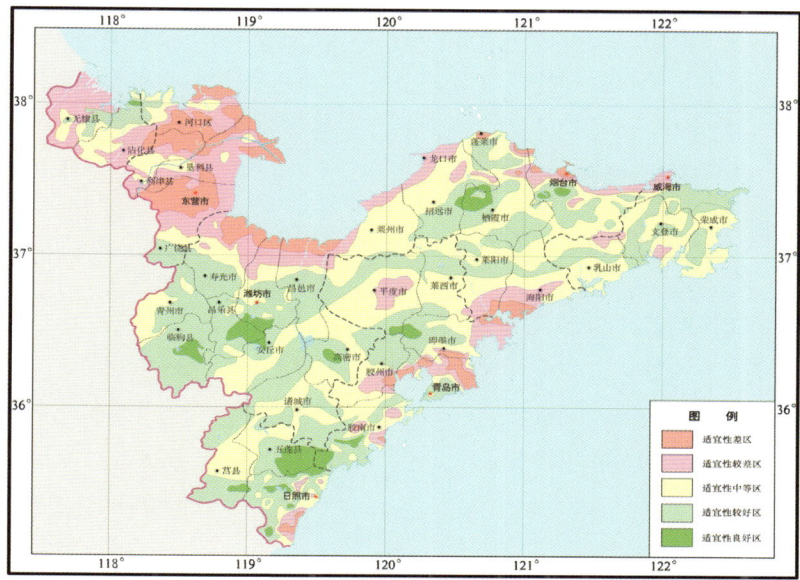

1) 매우 적합하다

지질환경 적합성 평가에서 "매우 적합하다" 등급을 받은 지역은 대체로 구릉 또는 평원지형이며 불량한 토양이 없고 식생이 적게 분포해 있고, 산업폐수가 적고 교통이 발달된 지역이다. 또한 광물탐사 및 채취가 적다.

2) 적합하다

지질환경 적합성 평가에서 "적합하다" 등급을 받은 지역은 대체로 해발이 낮은 구릉, 풍화작용으로 깎이고 부식된 평원(剝蝕平原)이며, 건설사업 시행에 적합한 지질여건을 갖추고 있으며 구성토층이 단단하다. 또한 지하수 오염이 심각하지 않고 환경지질 문제가 적고, 교통이 발달되고 대규모 광물채취가 진행되지 않은 지역이다.

3) 보통이다

지질환경 적합성 평가에서 "보통이다" 등급을 받은 지역은 해발이 낮은 구릉, 부식평원, 충적지, 연안 평원 지형이며 지형의 기복이 큰 편이다. 건설사업 시행 적합성 평가에서 중급 또는 하급 등급을 받은 지역으로 지질재해 우려가 있으며 해수침투 현상이 발생할 우려가 있다. 단 교통이 발달되고 인구가 밀집된 지역이고 개발활동이 활발하다.

4) 적합하지 않다

지질환경 적합성 평가에서 "적합하지 않다" 등급을 받은 지역은 대체로 해발이 낮은 산악지대이거나 연안평원 지형으로 건설사업 시행에 부적합하며 일부지역이 붕괴되거나 산사태 발생 우려가 있으며, 산업폐수로 인한 오염과 해수침투가 심각하다. 일부지역은 지하함수(卤水)가 분포되 있고 금광 등 광물채취 밀도가 높다.

5) 매우 적합하지 않다

지질환경 적합성 평가에서 "매우 적합하지 않다" 등급을 받은 지역은 대체로 해발이 낮은 산악지대이거나 연안평원 지형으로 지형기복이 심하고 식생이 많이 분포해 있다. 또한 붕괴나 산사태 등 지질재해 발생 우려가 큰 관계로 이미 자연보호구 또는 관광구로 지정되어 있다. 연안평원지대는 지반이 연약하고 토층이 단단하지 못하여 건설사업 시행에 적합하지 않다. 게다가 일부지역은 염류화가 심하고 해수침투가 심각하여 수질오염이 우려되고 있으며 지질환경이 상대적으로 약하다.

Ⅵ. 지질환경 적합성 평가에 대한 분석

　지질환경 적합성 평가내용과 "산동반도 블루경제구 발전 계획(山东半岛蓝色经济区发展规划)" 상 산업클러스터 분포 현황을 비교분석한 결과 아래와 같은 결론을 도출하게 되었다.

　첫째, 동가구 해양고신과학산업 클러스터(董家口海洋高新科技产业集聚), 동영 석유산업 클러스터(东营石油产业集聚区), 해주만 중화산업 클러스터(海州湾重化工业集聚区) 등 3개 개발구가 지질환경 적합성 평가에서 "적합하다" 등급을 받은 지역에 위치해 있으며 개발수요를 충족하고 있다.

　둘째, 전도 기계제조업 클러스터(前岛机械制造业集聚), 래주 해양신재생에너지산업 클러스터(莱州海洋新能源产业集聚区)는 지질환경 적합성 평가에서 "보통이다" 등급을 받은 지역에 위치해 있으며 지하수 수위가 낮고 지하수 오염이 진행되고있으며, 부식성이 있고 지반이 연약하여 지질환경 문제가 심각하다. 이러한 지질환경 여건은 건설사업 시행에 불리한 영향을 미칠 것으로 판단되는바 지질환경 문제를 사전에 방지하기 위한 특별한 조치를 취해야 할 것으로 생각된다.

　셋째, 용구만 해양장비제조업 클러스터(龙口湾海洋装备制造业集聚区), 빈주 해양화공산업 클러스터(滨州海洋化工业集聚区)는 지질환경 적합성 평가에서 "적합하지 않다" 등급을 받았다. 당해 지역은 활동성이 강한 단열지대로 지각의 안정성이 낮다. 또한 지하수 수위가 낮고 오염되기 쉬우며 부식성이 강하다. 연약지반일뿐더러 염류화가 진행되고 있어 지질재해와 지질환경 문제가 심각한 지역으로 평가되어 지질환경 특성을 고려한 효과적인 안전조치를 취해야 한다.

　넷째, 유방 해상신도시(潍坊海上新城), 정자만 해상신도시(丁字湾海上新城)는 지질환경 적합성 평가에서 "매우 적합하지 않다" 등급을 받았다. 해당지역에는 활동성이 강한 단열지대가 포함되어 있고 연약지반이며 염류화가 진행되고 있다. 또한 지하수 부식성이 강하고 오염이 쉽게 되는 지역이다. 지질재해와 지질환경 문제가 심각하기 때문에 사전예방조치와 안전 강화를 위한 대책마련이 시급하다.

VII. 나가면서

본 연구에서는 산동반도 블루경제구를 대상으로 지질환경 적합성 평가를 시행하였다. 지질환경 적합성 평가를 위해 계층분석법, 전문가 클러스터링법, 퍼지 매스기법 등 다양한 기법을 종합적으로 활용하여 분석하고 세부 요인들을 순위화하고 정량화함으로써 사업의 타당성 및 지질환경 적합성을 알기 쉽게 분석하였다.

나아가 산동반도 블루경제구 개발에 대해 지질환경 적합성 평가를 시행함으로써 "매우 적합하다", "적합하다", "보통이다", "적합하지 않다", "매우 적합하지 않다" 등 5개 유형으로 구분하여 산동반도 블루경제 핵심구역에 대한 지질환경 제약 요인에 대해 분석하고 해결책을 제시하였다는 점에서 큰 의미를 가진다.

참고문헌

[1] 侯金武. 地质环境是生态文明建设之基. 水文地质工程地质, 2014, 41(3): I0001.

[2] 刘传正. 城镇建设中的地质环境科学利用问题. 水文地质工程地质, 2015, 42(4): 1~7.

[3] Hao chen. Restricted parameter range promise set cover problems are easy. Frontiers of Mathematics in China, 2014, 9(6): 1253~1260.

[4] 李延峰, 宋秀贤, 李虎. 山东半岛蓝色经济区海域生态环境综合评价. 环境科学研究, 2014, 27(5): 560~566.

[5] 刘佳, 万荣, 陈晓文. 山东省蓝色经济区海洋资源承载力测评. 海洋环境科学, 2013, 32(4): 619~624.

[6] 王涛. 论山东半岛蓝色经济区建设. 中国资源综合利用, 2015, 33(6): 47~50.

[7] 刘嘉麒, 吕厚远, 袁宝印等. 人类生存与环境演变. 第四纪研究, 1998, (1): 80~85.

[8] 王青, 朱继平, 史本恒. 山东北部全新世的人地关系演变: 以海岸变迁和海盐生产为例. 第四纪研究, 2006, 26(4): 589~596.

[9] Dillehay T D. Climate and human migrations. Science, 2002, 298: 764~765.

[10] Sakr S A. Validity of a sharp-interface model in a confined coastal aquifer. Hydrogeology Journal, 1999, (7): 155~160.

[11] Malamud D. The applicability of power-law frequency statistics to floods. Journal of Hydrology, 2006, 32(4): 168~180.

[12] 苏涛. 我国城市地质灾害的主要类型及防治措施. 科学咨询, 2009, (9): 17~18.

[13] Ayalew, L. Landslides in Sado Island of Japan: Part Ⅱ. GIS-based susceptiblity mappig with comparisons of results from two methods and verifications. Engineering Geology, 2005, 81(4): 432~445.

[14] Gorsevski V. Spatially and temporally diatributed modeling of landslide susceptibility. Geomorphology, 2006, 80(3): 178~198.

[15] Ayalew, L. The application of GIS-based logistic regression for landslide susceptibility mapping in the Kakuda-Yahiko Mountains, Central Japan. Geomorphylogy, 2005, 65(2): 15~31.

[16] Claessens, L. Modeling the location of shallow landslides and their effects on landscape dynamics in large watersheds: An application for Northern New Zealand. Geomorphology, 2007, 87(1): 16~27.

[17] 吴冲龙, 刘刚. 中国数字国土工程的方法论研究. 地球科学, 2002, 27(4): 605~609.

[18] 赵忠海. 北京门头沟新城规划分区地质环境适宜性探讨. 中国地质灾害与防治学报, 2011, 22(3): 106~112.

[19] 张丽, 龙翔, 苏晶文等. 长江三角洲经济区工业用地地质环境适宜性评价. 水文地质工程地质, 2011, 38(3): 124~128.

[20] 夏友, 马传明. 郑州市地下空间资源开发利用地质适宜性评价. 地下空间与工程学报, 2014, 10(3): 493~497.

[21] 田鹏伟. 层次分析与模糊数学综合评判法下的矿区生态环境. 山西建筑, 2015, 41(9): 200~201.

[22] 李梦婕, 申双和, 李雨鸿等. 模糊数学方法评价南京城市生态系统健康形势. 科学技术与工程, 2014, 15(22): 107~115.

[23] 杨露梅, 朱明君, 鄂建等. 南京市地下水地源热泵系统适宜性分区评价:基于层次分析法和熵权系数法. 现代地质, 2015, 29(2): 285~290页.

[24] 赵月望, 解建仓, 黄银兵等. 城市化进程中区域水土资源复合开发效应. 水土保持学报, 2012, 26(2): 224~228.

[25] 李德一, 张树文. 基于千米格网的区域城市土地开发适宜性评价. 测绘科学, 2012, 37(2): 60~62.

[26] 杨建锋, 张翠光. 地球关键带: 地质环境研究的新框架. 水文地质工程地质, 2014, 41(3): 98~104

[27] 方成, 孙晓明, 康慧等. 遥感技术在曹妃甸海岸带地质环境调查中的应用. 水文地质工程地质, 2015, 42(3): 119~127.

[28] 李海龙, 万力, 焦赳赳. 海岸带水文地质学研究中的几个热点问题. 地球科学进展, 2011, 26(7): 685~694.

[29] 刘晓龙, 刘占宁. 矿山地质环境综合评价方法研究. 地质灾害与环境保护, 2014, 25(3): 49~55.

[30] 郑金华, 申瑞珉, 李密青等. 多目标优化的进化环境模型及实现. 计算机学报, 2014, 37(12): 2530~2547.

[31] Jiewei Liu, Junwei Ma, Yanzhong Liu, et al. Optimized production of a novel bioflocculant M-C11 by Klebsiella sp. and its application in sludge dewatering. Journal of Environmental Sciences, 2014, 37(10): 2076~2083.

[32] 聂瑞, 肖娟, 赵辉. 基于层次分析法的三川河健康评价. 生态科学, 2015, 34(3): 103~108.

[33] 肖正辉, 宁博文, 杨荣丰等. 多层次模糊数学法在湘西北页岩气有利区块优选中的应用. 煤田地质与勘探, 2015, 43(3): 33~37.

제 2 장

황해 수산자원의 개발 및 지역협력

환항해 지역경제협력과 수산자원관리

06
북황해지역 패류 양식산업의 한계 및 제언

毕相东(Bi Xiangdong)

북황해지역 패류 양식산업의
한계 및 제언

毕相东(Bi Xiangdong*)

국문초록

　　중국은 우수한 자연조건을 기반으로 연안해역에서 패류 양식을 활발하게 진행하고 있다. 매년 생산량이 꾸준히 늘어 전체 수산양식 생산량에서 70%를 넘는 비중을 차지하게 되었다. 그러나 중국 연안해역의 패류양식업은 과도한 개발과 경쟁적인 밀식으로 인해 생산성 및 수익성이 저하하고 있으며, 최근에는 대규모 바다목장사업으로 인해 패류 양식장 먹이 생물량이 감소하고, 초미세 조류에 속하는 식물플랑크톤의 증식에 의해 갈조 현상이 빈번히 발생하고 있다. 이러한 갈조 현상으로 인해 중국 연안해역의 패류양식어장의 생산성 악화가 심각한 상황이다. 아울러 장기간 양식장 이용에 의한 노후화와 연안개발에 따른 환경오염, 갈조 현상 등으로 인해 먹이생물량이 감소하고 있는데, 연구진은 사료용 미세조류 방출기술을 개발하여 갈조 현상을 예방하고 먹이 생물량을 회복하는데 소정의 성과를 거두었다. 나아가 북황해 광역해역을 대상으로 생태학적 수용능력에 대해 조사·평가함으로써 연안해역의 지속가능한 양식 생산량을 예측하고자 한다.

키워드: 패류, 양식밀도, 갈조(褐潮), 발전의 한계, 사료용 미세조류 방출(饵料微藻爱释团)

---

* 천진농업대학교 수산학과 교수, 수산학박사.

Ⅰ. 북황해지역 패류 양식 산업 현황

중국의 경우 패류 양식 생산량은 전국 수산물 양식 생산량의 72%를 차지할 정도로 절대적인 비중을 갖고 있으며 기타 수산물 양식업에 비교하여 큰 경제적 이익을 얻을 수 있다. 패류양식의 중요성이 제고됨에 따라 지속가능한 패류 양식 관리시스템 구축의 필요성이 제기되었다. 2017년 기준 중국의 패류 양식 생산량은 1,500만 톤에 달하였으며 그 중 북황해를 포함한 북방지역의 생산량이 전체 생산량의 56%를 차지하였다. 북황해지역의 대표적인 패류양식 종에는 바지락, 가리비, 굴 등 3종이 있으며 생산량도 절대적으로 우세한다. 그러나 최근에는 패류양식의 경제성이 높은 이유로 중국의 상당 부분 연안 해역에서 패류 양식을 진행하게 되었으며 높은 양식밀도로 인해 해양의 생태학적 수용능력을 초과하게 되었고 양식 패류의 체장이 작아지고 생산량과 경제성이 점차 감소하기 시작하고 있다.

Ⅱ. 북황해지역 패류 양식업의 한계

1. 패류양식장 먹이생물량 감소

가리비, 바지락, 굴, 꼬막 등 패류는 여과섭식자로서 수중에 현탁되어 있는 단세포 조류를 섬모나 강모의 움직임에 의해 모아 먹는다. 단세포 조류에는 주로 규조문(硅藻门, 엽록소 a, c와 부등편모를 갖는 단세포성 조류), 황록조류(金藻门), 녹조류(绿藻门) 등 단세포 조류가 포함되며, 이들은 생리학적 리듬이 짧고 번식 속도가 50시간으로 가장 빠르다. 해양 단세포 조류 또는 해양미세조류는 해양생태계의 1차 생산자로서 해양의 생물 생산력을 좌우하고, 해양생태계의 먹이사슬은 해양미세조류에 의한 1차 영양단계로 시작한다. 이처럼 해양 미세조류는 특히 천해 양식동물의 종묘생산, 연근해 패류 양식장 먹이생물로서 가장 중요한 역할을 하게 된다.

따라서 패류 양식밀도가 높을 경우 단세포 조류의 번식률을 떨어뜨려 연안 해역 단세포 조류의 생물량이 감소하게 되고 패류의 먹이가 줄어들게 된다. 비단가리비(栉孔扇贝)의 경우 수중에 현탁되어 있는 먹이입자를 대량으로 흡입하고 필터를 통해 여과하여 먹이를 얻고 있는데, 수중의 입자성 유기탄소(POC)와 입자성 유기질소(PN)가 각각 0.09mg/L, 0.015mg/L로 감소되는 경우 성장이 느려지는 걸로 나타났다. 2014년 장자도(獐子岛) 가리비 "수확전무사건(绝收事件)", 2018년 양식장 패류 탈출사건(跑路门事件), 양식장 패류가 집단 폐사하는 일이 벌어지는 이유로 시민들이 패류 양식장에 대한 높은 관심을 갖게 되었다. 그러나 패류 양신업체는 시민들의 높은 관심으로 인해 어려움을 겪고 있다. 장자도 가리비 사건을 포함한 패류 양식장 폐사 또는 탈출사건의 경우 양식어장의 영양염 부족으로 인해 가리비 등 패류의 먹이입자가 줄어들었다. 중국의 패류 양식업 발전과정을 살펴보자면, 2008년 이전 요녕성 대련시 장해현(辽宁省大连市长海县) 가리비 양식장의 면적이 122만 무(亩)였으나 2016년 장해현 장자도 가리비 양식장 면적이 600만 무를 초과하였으며, 부벌양식장(浮筏养殖) 면적은 30여만 무에 달했다.

실제로 장자도의 경우 2012년부터 패류 천연 양식어장 면적이 확대되기 시작하였으나 단위면적당 생산성은 오히려 떨어지기 시작하였다. 이러한 상황은 하북성 진황도해역(河北省秦皇岛)에서도 나타났다. 2018년 요녕성 대련시는 양회기간(两会, 전국인민대표대회와 중국인민정치협상회의의 줄임말로 중국 경제정책 방향을 정하는 중국 최대의 행사) 중국 인민 정치협상회의 류춘보(刘春宝)위원이 가리비 양식산업 규모를 통제하여 가리비 양식장 환경을 개선해야 한다고 주장하였다.

2. 패류양식장 공간 확보를 위한 경쟁 심화

중국의 상당부분 연안 해역은 어패류의 양식생산이 활발하게 이루어지고 있다. 최근에는 바다목장사업의 추진으로 인해 먹이생물 총량이 제한된 바다에서 어장 수용력을 초과한 시설량 증대로 생물성장이 저하되고 어장 생산성이 감소하는 현상이 발생하고 있다. 2008년 이래 전국에서 실시한 인공어초시설사업의 규모는 3,000만 공방(竕方)이며 인공어초어장 면적은 500㎢이다. 그러나 바다목장수역과 양식어장이 중첩되는 경우가 많으며 대부분 인접해 있다. 중국의 연안바다목장 전문가인 중국과학원 해양연구소 양홍생(杨洪生) 연구원은 "중국의 바다목장 건설과정에서 다양한 생물종의 환경수용력에 대한 평가가 부족하고, 바다목장 종묘방류량과 어종 배치가 합리적이지 못한 문제점이 존재한다."고 주장하였다.

즉 바다목장 지정해역에 대한 수질, 퇴적물질, 물의 흐름, 생물군락 구조(生物群落结构) 및 환경수용력 등에 대한 과학적인 조사와 분석이 이루어지지 않은 상황에서 사업을 추진한 관계로 목표치 달성이 어렵고 양식어종의 생존율이 낮으며, 일부 어장환경이 악화되고 해양생태계가 심각하게 훼손되고 있다. 2018년 장자도 가리비 탈출사건과 관련하여 중국공정원 원사(中国工程院院士) 보쩐민(包振民) 교수는 "바다목장 건설에 관한 기초연구가 부족할뿐더러 바다목장을 통해 양식 생산량을 증대하고 해양생태계를 보호한다는 목적이 서로 충돌된다."고 밝힌바 있다.

패류 양식은 어장의 환경수용능력에 크게 의존하는바 인위적인 요소로 단위면적당 생산성 향상을 이루어내기에는 한계가 있다. 아울러 해역별, 지역별 양식 패류종이 다양하고 먹이 생물량의 부족으로 인해 생산량이 감소하고 있다. 일부 연구자들은 인위적으로 패류 먹이 생물량을 확대하는 방법을 채택하여 미세조류를 투하거나 갈조 현상 응급처치를 통해 먹이 생물량을 회복하고자 하였으나 패류 양식어장의 물살이 빨라 미세조류 농축액이 투하 후 빠른 시간 내에 물의 흐름에 따라 확산되어 양식 패류가 먹이로 섭취할 수 없는 문제점이 발생하였다.

3. 패류양식장에서 발생하는 갈조(褐潮) 현상

중국은 오래전부터 연안해역에서 패류의 양식생산이 활발하게 진행되었다. 최근에는 대규모 해역에서 연안바다목장사업을 추진하고 있어 연안해역의 미세조류 생물량이 급격히 감소되고 있으며, 미세조류의 개체가 작아지고 초미세 조류로 인한 생태계 재해가 빈번히 발생하고 있다. 이러한 미세조류의 변화는 양식 패류의 먹이 섭취와 건강상태에 직접적인 영향을 미치는 것으로 나타나고 있다. 하북성 진황도(秦皇岛) 인근해역은 2009년부터 5년 연속 5월과 8월에 걸쳐 갈조(褐色赤潮)현상이 발생하고 있다. 발해 진황도 연근해는 중국에서 최대 규모의 가비리양식장을 확보하고 있다. 2009년 갈조 발생으로 인해 26,000무에 달하는 진황도 연근해 패류양식장이 큰 타격을 받았는데 이는 전체 연안 가리비 양식장 면적의 2/3에 해당한다. 이로 인해 대부분의 양식 가리비가 성장을 멈추거나 폐사 등 심각한 피해를 입혔다. 국가해양국 해양재해 공보에 따르면, 2010년 하북성 연안해역의 적조 밀도가 증가하고 분포면적이 확대되어 3,350㎢에 달하였고 경제적 손실은 2.05억 위안에 달했다. 하북성 연근해(발해)는 매년 5월 중하순에서 6월 상순까지 갈색 적조현상이 발생하고 있으며 이로 인해 발생한 식물성 플랑크톤 블룸이 8월말에 서서히 사라진다. 갈색 적조를 발생시킨 주요 조류는 세포 직경이 2-3 마이크로미터이고, 플랑크톤 블룸 발생 시 수중 조류세포의 최고밀도가 109cell/L에 달한다.

중국과학원 해양연구소 우인성(于仁成) 연구팀은 광합성색소(光合色素) 분석방법, 특이성 항체 검사 등 연구방법을 활용하여 발해 연안해역 유해 식물성 플랑크톤 bloom을 형성하는 주요 생물종이 황조류(金藻类), 유레오코커스 아노파게페렌스(抑食金球藻, Aureococcus Anophagefferens)임을 밝혀냈다. 유레오코커스 아노파게페렌스는 도파민(多巴胺)과 유사한 생물활성물질을 생성하여 패류의 섬모 운동을 억제하는데 이는 여과섭식자인 패류의 성장, 먹이 섭취, 성장에 나쁜 영향을 미치게 된다. 식물성 플랑크톤 bloom을 형성하는 기간 세포의 밀도가 높아지고 갈색 조류가 크게 늘어나서 해역을 갈색으로 물들여버리는데 학계에서는 이를 갈조(褐潮)라 일컫는다. 이는 국제 유해 식물성 플랑크톤 bloom으로 명명되었는데 중국은 미국, 남아프리카 다음으로 세계에서 3번째로 갈조현상이 발생한 국가이다.

최근 요녕성 해양수산과학연구원 쑹룬(宋伦) 박사는 발해 장흥도해역에서 지속적으로 발생하는 초미세 조류 *Nannochloris* sp(微拟球藻), *Ostreococcus tauri*(金牛微球藻)로 인해 발생한 신형 갈조에 대해 연구하고 있는데, 연구대상인 신형 갈조 또한 패류 동물성 먹이생물 배양에 불리하게 작용하며, 연근해 패류 양식어장에 큰 악영향을 미칠 것으로 예상된다.

이와 같이 중국 연안해역에서의 갈조 분포는 지속적으로 확대되고 있으며 유해성 갈조 문제 해결을 위한 신속한 대응과 수산양식업의 자연 재해 대응책 마련이 시급한 상황이다. 일부 연구자들은 개질 점토를 조류에 흡착시키는 물리학적 방안, 과산화수소(过氧化氢)로 조류 세포를 억제하는 화학적 방안을 통하여 갈조 현상을 해결하고자 시도하였으나 처리비용이 높고, 생태학적 안전성이 낮은 관계로 패류양식장 갈조 퇴치에 활용되지 못하고 있다.

이로부터 알 수 있는바, 중국 연근해 패류 양식산업은 먹이생물의 부족과 상습적으로 발생하고 있는 갈조 현상으로 어려움을 겪고 있으며, 이는 지속가능한 연근해 패류 양식산업에 악영향을 미치게 된다. 그러나 패류 양식산업은 양식장 환경에 크게 의존하는바 생태계 파괴, 먹이 생물량의 감소, 유해 갈조 현상의 상습적 발생으로 인해 양식량이 현저히 감소하고 있으며 심지어 양식장 패류가 집단 폐사하는 사건까지 발생하고 있다. 연근해 패류 양식산업의 지속가능한 발전을 위해 패류의 먹이 생물량을 회복하고 미세 서식환경(微环境)에서 효과적인 먹이 섭취가 가능한 해양미세조류 개발이 필요하다.

Ⅳ. 북황해지역 패류 양식해역의 생태재해 대응 방안

식물 간 경쟁 작용 또는 타감작용(化感作用)을 이용하여 유해 조류의 성장을 억제하는 방법이 최근 적조, 갈조 등 해양재해 대응에 활용되고 있다. 즉 식물에서 일정한 화학물질이 생성되어 다른 식물의 생존을 막거나 성장을 저해하는 방법이다. 연구팀은 연근해 패류양식장 주요 먹이 생물 중 클로렐라 불가리스(Chlorella vulgaris)와 페오닥틸럼 트리코뉴튬(Phaeodactylum tricornutum) 등 2종의 해양 미세조류가 갈조 현상을 일으키는 주요 미세조류인 유레오코커스 아노파게페렌스(Aureococcus anophagefferens)를 죽인다는 사실을 발견하였다. 나아가 해양 미세조류 클로렐라 불가리스(Chlorella vulgaris)와 페오닥틸럼 트리코뉴튬(Phaeodactylum tricornutum)를 패류 양식어장에 투하할 시 패류의 먹이 생물량을 보충할 수 있을 뿐만 아니라 갈조 퇴치에 효과적이라고 주장하였다.

본 연구팀은 알긴산(海藻酸钠)이 개리자(钙离子)를 만나면 빠르게 반응하여 젤라틴(凝胶)을 형성하는 특성을 활용하여, 클로렐라 조류분말을 알긴산나트륨 젤라틴으로 포장하여 패류 먹이용 미세조류 방출제(饵料微藻缓释)를 만들었다. 아울러 2016년부터 2017년 2년 간 매년 9월에서 10월에 걸쳐 천진농업학원(天津农学院)과 요녕성 해양수산과학연구원(辽宁省海洋水产科学研究院)은 공동으로 연구진을 구성하여 요녕성 수중현(绥中县)과 하북성 창려해만(昌黎海湾) 연승수하식 양식장에 패류 먹이용 미세조류 방출제를 투하였다(그림-1). 북방지역은 9월부터 10월까지 패류양식장 해양 미세조류 등 먹이 생물량이 적은 시기로 연구진은 미세조류 방출 및 효과조사를 시행하기에 가장 적합한 시기이다. 11월 초 가리비 수확 시, 미세조류 방출로 인해 패류의 성장에 큰 도움이 되었으며, 미세조류를 방출하지 않은 양식장에 비교하여 가리비 생산량이 20%나 증가하였다. 이 후 연구팀은 가막조개(青蛤) 양식장에 미세조류 방출제를 투하였는데 패류 성장에 큰 도움이 되었다.

[그림-1] 패류양식장 먹이용 미세 조류 방출제

또한 본 연구팀이 수행한 "패류 양식어장 환경 안전 및 품질감독기술에 관한 시범 응용에 관한 연구과제"는 2018년 요녕성 과학기술 진보 2등상을 수상하였다. 나아가 먹이용 미세조류 방출제를 활용하여 연근해 패류 양식장의 먹이 생물량 부족 문제를 해결하고 갈조 현상을 효과적으로 퇴치한 사례는 중국 패류양식업계의 높은 평가를 받았다. 연구팀은 이러한 연구성과를 홍보하기 위해 한국해양과학기술원이 주관한 환황해 해양발전 포럼, 중국해양호소학회 학술회의, 중국 조류협회 학술회의 등 국내외 학술회의에서 발표하였으며, 많은 학자들이 먹이용 미세조류 방출제의 제조방법 및 응용 기술에 대해 높은 관심을 갖게 되었다. 이러한 연구성과는 중구 연근해 패류양식업의 먹이 생물량 부족 문제의 해결과 갈조 퇴치에 큰 기여를 할 것으로 기대된다.

V. 북황해지역 패류양식 발전 전망

연구팀은 북황해지역 패류양식장의 먹이 생물량 부족에 따른 생산량 감소와 갈조 현상으로 인한 피해를 줄이기 위한 대응방안을 제시함과 동시에 향후 패류양식의 발전전망을 제시하고자 한다.

첫째, 북황해지역의 해양생태·환경수용력에 대한 과학적 조사를 통해 지속가능한 수산양식산업 및 바다목장사업을 실현하기 위한 발전계획을 수립하여야 한다. 광역해역 생태계 및 환경수용력에 기반한 지속가능한 수산양식산업 계획은 기존의 지역별 계획수립, 개인별 양식어장 관리 등 제한적인 관리모델에서 벗어나 지속가능한 수산양식업을 육성하기 위한 지역 간 협력을 강화하여야 한다.

둘째, 해양의 환경수용력에 대한 조사를 기반으로 수산양식 규모, 생산규모, 어종 선택 등에 대한 과학적 데이터를 제공하고 효과적인 "계획경제"를 추진함으로써 광영해역의 지속가능한 발전, 수산양식산업의 지속가능한 발전을 실현하여야 한다.

셋째, 기존의 해양환경관측시스템을 보완하여 재해예방 및 방지 및 자연재해 대응을 위한 등급대책을 마련하여야 한다. ① 기상, 수온, 해류, 먹이생물의 질병 등 상황을 실시간 모니터링하면서 조기대응체계를 구축하여 관련 정보를 실시간으로 관련 이해자에게 제공하여야 한다. ② 주요 경제성 어종을 육성하는 양식어장에서 상습적으로 발생하는 자연재해의 특성을 감안하여 양식장 자연재해 예방 및 방지를 위한 응급대응책을 마련하여야 한다.

참고문헌

[1] 2017年全国渔业经济统计公报. 农业农村部渔业渔政管理局, 2018.

[2] 毕相东, 张兴华, 宋伦, 胡顺鑫, 唐学玺, 闫冉, 2016. 小球藻与褐潮原因种——抑食金球藻间的相互作用研究. 海洋与湖沼, 47(3): 594-603.

[3] 毕相东, 董少杰, 郭永军. 一种滤食性养殖贝类饲料的制备方法及应用. 国家发明专利, 专利申请号: CN 201810090959.7, 2018-1-30.

[4] 董云伟, 董双林, 刘相义, 2004. 不同起始浓度对塔玛亚历山大藻和赤潮异弯藻种群竞争的影响. 中国海洋大学学报, 34(6): 964—968

[5] 侯晓梅, 张福崇, 慕永通, 2017. 河北海湾扇贝产业特征, 困境及发展建议. 中国渔业经济, 35(6): 80-88.

[6] 廖洋, 杨锡畅, 2012, 褐潮来袭: 危害大待破解, 中国科学报, 7-25, A1要闻.

[7] 刘爱英, 宋秀凯, 秦华伟等, 2013. 2011年烟台四十里湾微微型金藻褐潮分析. 海洋湖沼通报, 3:73—79

[8] 潘克厚, 王金凤, 朱葆华, 2007, 海洋微藻间竞争研究进展. 海洋科学, 31(5):58—62

[9] 秦培兵.滤食性贝类对浅海养殖系统生源要素动态的影响, 2000. 中国科学院海洋研究所.

[10] 施鹏, 毕相东, 董少杰, 2019. 饵料微藻缓释饼的制备及其在青蛤池塘养殖中初步应用研究. 大连海洋大学学报, 已接收, 2019年3月发表.

[11] 宋伦, 毕相东, 孙明, 董少杰, 王昆, 郭永军, 邵泽伟, 张树林, 吴金浩, 李楠, 田金, 李爱. 一种抑食金球藻抑藻剂及其制备方法. 国家发明专利, 授权专利号: ZL201610192122.4, 2018-06-22.

[12] 宋伦, 吴景, 刘卫东, 宋永刚, 王年斌, 2016. 渤海长兴岛海域微型和微微型浮游植物多样性. 环境科学研究, 29(11): 1635-1642.

[13] 王金凤, 2007, 三种海洋经济微藻与赤潮异湾藻的竞争研究, 青岛：中国海洋大学硕士学位论文, 24—25

[14] 杨洪生, 2016, 我国海洋牧场建设回顾与展望,水产学报, 40(7): 1133-1140.

[15] 杨小茹, 苏建强, 郑天凌, 2008, 化感作用在赤潮调控中的意义及前景, 环境科学学报, 28(2):219—226

[16] 张达娟, 张兴华, 唐学玺, 毕相东, 宋伦, 张树林, 2017, 三角褐指藻与抑食金球藻的竞争及化感作用研究, 海洋学报, 39(6):84-94.

[17] 张雅琪, 俞志明, 宋秀贤, 曹西华, 刘扬, 2013, 改性黏土对褐潮生物种 Aureococcus anophagefferens的去除研究, 海洋学报, 35(3):197—203

[18] 獐子岛"绝收"事件, 2014, 网址：https://baike.baidu.com/item/獐子岛"绝收"事件/16022220?fr=aladdin.

[19] 獐子岛:关于底播虾夷扇贝2017年终盘点情况的公告(网址：http://www.cfi.net.cn/p20180205000617.html.

[20] 中国国家海洋局, 2010-2014, 中国海洋灾害公报.

[21] 中国水产养殖网.海洋牧场贝类增养殖风险预警与应对策略研讨会在青岛召开, 2018-03-06, 网址：http://www.shuichan.cc/news_ view-353441.html

[22] Bricelj V M, Lonsdale D J, 1997, Aureococcus anophagefferens: Causes and ecological consequences of brown tides in US mid-Atlantic coastal waters. Limnology and Oceanography, 42(5):1023—1038.

[23] Bricelj V M, MacQuarrie S P, Schaffner R A, 2001, Differential effects of Aureococcus anophagefferens isolates("brown tide") in unialgal and mixed suspensions on bivalve feeding. Marine Biology, 139 (4):605-616.

[24] Cosper E M, Dennison W C, Carpenter E J, 1987, Recurrent and persistent brown tide blooms perturb coastal marine ecosystem.

Estuaries, 10(4): 284—290

[25] Dong SJ, Bi XD, The preliminary application of shellfish bait algae controlled-release ballongrowthofthebayscallopinthecoastofQinhuangdao, China.AlgalBiomass&Bio-economy,inpress.

[26] Gobler C J, Boneillo G E, Debenham C J, Caron D A, 2004, Nutrient limitation, organic matter cycling, and plankton dynamics during an Aureococcus anophagefferens bloom. Aquatic Microbial Ecology, 35(1):31—43.

[27] Kong Fanzhou ,Yu Rencheng, Zhang Qingchun, Yan Tian, Zhou Mingjiang, 2012, Pigment characterization for the 2011 bloom in Qinhuangdaoimplicated"browntide"eventsinChina. Chinese Journal of Oceanology and Limnology, 30(3):361—370.

[28] Ralph P J, Gademann R, 2005, Rapid light curves: a powerful tool to assess photosynthetic activity. Aquatic Botany, 82(3): 222-37.

[29] Randhawa V, Thakkar M, and Li P W, 2012, Applicability of Hydrogen Peroxide in Brown tide control—culture and microcosm studies. Plos ONE, 7(10): 1—11.

[30] Sieburth J M, Johnson P W, Hargraves P E, 1988, Ultrastucture and ecology of Aureococcus anophageferens gen. et sp. nov. (Chrysophyceae): The dominant picoplankter during a bloom in NarragansettBay,RhodeIsland,summer.JournalofPhycology,24(3):416—425

[31] Trevor P, Grant P, 2001, Brown Tides and Mariculture in Saldanha Bay, South Africa. Marine Pollution Bulletin , 42(5)：405—408

[32] Nakashima T, MiyazakiY, MatsuyamaY, MuraokaW, YamaguchiK, OdaT,2006. Producing mechanism of an algicidal compound against

red tide phytoplankton in a marine bacterium ɤ-proteobacterium. Applied Microbiology and Biotechnology,73:684—690

[33] Yu Juan, Tang Xuexi, Tian Jiyuan, Zhang Peiyu Dong Shuanglin, 2006. Effects of elevated CO2 on sensitivity of six species of algae and interspecific competition of three species of algae. Journal of Environmental Sciences, 2: 353—358

[34] Zhang Qingchun, Qiu Limei, Yu Rencheng, Kong Fanzhou, WangYunfeng, Yan Tian, Gobler C J, Zhou Mingjiang, 2012. Emergence of brown tides caused by Aureococcus anophagefferens Hargraves et Sieburth in China.HarmfulAlgae,19:117—124

환항해 지역경제협력과 수산자원관리

07
대양성 어종 부시리 양식기술의 연구현황 및 전망

柳学周(Liu Xuezhou)

대양성 어종 부시리 양식기술의 연구현황 및 전망

柳学周(Liu Xuezhou*)

국문초록

부시리는 세계의 온대와 아열대 해역에 분포되어 있는 회유성 어종으로 높은 경제적 가치를 가지고 있다. 중국 연안해역에 널리 분포되어 있는데 황해 해역은 부시리의 번식, 산란의 장으로 적합하며, 부시리는 심해 상자형 가두리 양식, 육상 축제식 양식, 심해·외해 플랫폼 양식 등 다양한 방법으로 양식할 수 있다. 중국수산과학연구원 황해수산연구소는 2013년부터 부시리 인공번식 및 양식기술에 대한 연구를 수행하였는데 양식 어종 품종의 선택, 영양성분 분석, 환경 적응력, 성장조절시스템, 친어(번식을 위해 양식되거나 보유되고 있는 성숙어류) 배양, 인공 종묘 육종, 양식기술 등 다양한 분야에서 가시적인 성과를 거두었다. 2017년에는 부시리의 대규모 종묘배양기술에 있어서 큰 성과를 거두었는데 이는 중국의 심해·외해 수산양식산업의 육성을 위해 우량 종묘를 제공함으로써 수산양식산업의 발전에 크게 기여하였다. 본 연구는 중국 부시리 인공번식 및 양식기술연구의 진전에 대해 자세히 소개하고 부시리 양식의 문제점과 향후 발전방향을 제시하고자 한다.

키워드: 부시리, 인공번식, 양식방법, 종묘 특성, 성장 발달

---

* 중국수산과학연구원 황해수산연구소 연구원, 수산양식박사.

Ⅰ. 들어가면서

부시리는 세계의 온대와 아열대 해역에 분포되어 있는 대양성 경제 어종으로 중국 연안해역에도 널리 분포되어 있다. 중국의 황해해역은 부시리의 번식, 산란장으로 연구팀은 당해 해역에서 부시리 심해양식장 건설사업을 시행하였다. 부시리는 몸길이가 100cm 넘게 나가는 전갱이과의 바닷물고기로서 성장 속도가 빠르고, 육질이 탱탱하고, 영양이 풍부하여 생선회 또는 생선튀김으로 요리되며 양이 많고 식감이 좋아 국제사회에서 시장수요가 큰바 향후 수출 전망이 밝다. 최근에는 세계 해역에서의 자연산 부시리 어획량이 감소하는 추세를 보이고 있으며 호주, 뉴질랜드 등 국가에서는 자연산 부시리 종묘의 어획을 금지하고 있다. 중국은 10년 전까지 자연산 부시리 종묘를 연평균 100만 마리씩 해외로 수출하였으며, 일본 등 국가들은 중국에서 수입한 자연산 부시리 종묘를 배양하여 양식업을 발전시켜왔다. 그러나 최근 자연산 부시리 종묘의 급격한 감소로 인해 해외 수출량도 감축되는 추세를 보이고 있다.

비록 부시리 양식기술연구가 큰 성과를 이루었으나, 대규모 양식을 위한 기술개발이 아직 성숙한 단계에 이르지 못하였고 양식에 사용되는 종묘의 육종 및 대량 생산 등 여러 면에서 문제점을 안고 있다. 중국은 2000년대 초반부터 부시리 양식시험을 시행하였으며 북방지역의 양식장은 자연산 부시리 종묘를 이용하여 상자형 가두리 양식업을 개발하여 왔으며 월동 양식기술 개발에 성공하였다. 그러나 양식기술 개발의 성공사례에 반하여 인공 종묘 육종에는 여러 가지 어려움이 있어 기술적 돌파구를 찾지 못하였다. 이와 같이 종묘 육종의 한계로 인해 부시리의 대량 양식 및 실용화에 어려움이 많은 것이 현실이다.

중국수산과학연구원 황해수산연구소는 2013년부터 부시리 친어 배양사업을 수행하여 인공번식 및 양식기술에 관한 연구를 추진하였다. 최근에는 부시리 종묘 유전자의 특성, 영양성분 분석, 환경 적응능력, 성장체계 조절, 친어 배양, 종묘 육종, 양식기술 등 다양한 분야에서 실질적인 성과를 거두었다. 2017년에는 친어생식·산란 조절 및 종묘 육성에 관한 핵심기술 개발에 성공하여 심해 상자형 가두리 양식기술을 개발하고, 중국의 심해 양식업 개발을 위한 새로운 양식자원을 제공하게 되었다.

현재 중국 수산업은 전환기에 들어섰는데, 연안생태계의 변화, 환경오염 등으로 인해 수산자원이 감소하고, 어획량이 감소하면서 대안으로 심해·외해 양식업이 수산업의 미래 주도 사업으로 각광 받고 있다. 또한 수산양식기술 및 장비 개발이 성숙됨에 따라 심해·외해 양식이 가능하게 되었다. 특히 심해에서 풍랑 저항성능이 뛰어난 가두리양식장(深水抗风浪网箱), 잠입식 대규모 가두리양식장(潜式大型网箱), 양식공선(养殖工船), 대형 후릿그물(大型围网) 등 양식설비개발에 성공함으로써 심해·외해 양식을 위한 기술적 기반을 마련하였다. 주의해야할 점은 심해·원해양식기술의 급속한 발전으로 인해 우수한 양식기술을 갖춘 반면에, 양식어종의 선택 및 종묘 육성에 어려움을 겪고 있는 상황이다. 기존에 개발한 심해·원해 양식어종의 종류가 적으며, 북방지역 연근해의 경우 특히 고부가가치의 어종, 우량종자의 확보에 있어 큰 어려움을 겪고 있다. 일반적으로 대서양 연어(大西洋鲑), 방어(五条鰤), 참치(金枪鱼) 등 대양성 경제어종을 심해 가두리양식 어종으로 지정하고 있다. 노르웨이의 경우 대서양 연어의 연간 양식 생산량이 120만 톤에 달하고, 일본의 방어 양식 생산량은 10 여만 톤에 달한다. 그러나 부시리의 인공번식 및 양식기술의 개발, 기술의 대규모 상업 전개에는 어려움을 겪고 있다. 따라서 부시리 심해 가두리양식의 대규모 사업의 조속한 추진을 위해 양식기술 및 인공번식 기술에 대한 깊이 있는 연구가 시급하다고 생각된다. 본 연구는 중국의 부시리 인공번식 및 양식기술의 전개 및 향후 발전 전망에 대해 소개하고자 한다.

II. 종묘 유전자원 특성에 대한 연구

1. 종묘의 형태(形態)적 특징

연구팀은 전통적인 측량방법(传统测量方式), 프레임 측정방법(框架测度法), 기하형태측량방법(几何形态测量法), 해부학방법(解剖学方法)을 통해 부시리의 외부형태와 내부구조 특징, 가측성·가산성(可量可数性状) 그리고 비율적 특징에 대해 분석하였는데 이에 따른 부시리의 형태적 특정은 그림-1, 그림-2와 같다. 부시리 체장(TL)과 체중(BW) 간의 관계를 나타내는 공식은 식1과 같으며, 체고(BH)와 체중(BW) 간의 관계를 나타내는 공식은 식2와 같다.

식1 : $BW=2.1652TL2-140.35TL+2479.9 \ (R^2 = 0.9812)$

식2 : $BW=0.7575BH3.0059(R^2 = 0.9816)$

부시리의 12개 측정 가능한 형태적 특징 중 눈지름을 제외한 11개 형태 간에 밀접한 관계를 갖고 있다. 특히 체고와 체장은 체중에 가장 큰 영향을 미치는 요소이다. 관찰에 의하면 부시리 내부구조 특징에는 상대적 장 길이(比肠长, relative gut length)가 0.62-0.69이고 척추골 수량이 23-25개의 경우 도체율(出肉率)이 75%에 달한다. 이는 종묘를 식별하고 체계 분별을 위한 체형 인식 근거를 제공할 수 있다.

[그림-1] 부시리 외부 형태 도량 특징

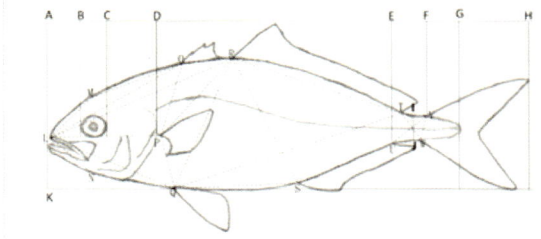

전장(TL) : AH
체장(SL) : AG
체고(BH) : AK
두장(HL) : AD
눈뒤쪽 두장(POL) : CD
눈지름(ED) : BC

[그림-2] 부시리 외부 형태 도량 프레임 다이어그램(frame diagram)

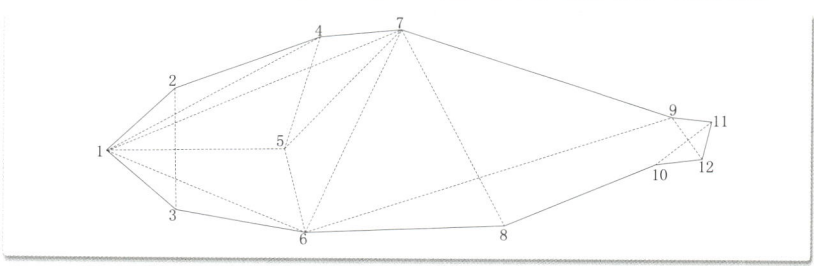

① 입 주둥이 시점, ② 눈 중간점을 지나는 선과 등 가장자리를 이은 선과의 교차지점,
③ 눈 중간점을 지나는 선과 복부 가장자리를 이은 선과의 교차지점, ④ 등지느러미 1 시점,
⑤ 가슴지느러미 시점, ⑥ 배지느러미 시점, ⑦ 등지느러미 2 시점, ⑧ 뒷지느러미 시점,
⑨ 등지느러미 2 시점, ⑩ 뒷지느러미 시점, ⑪ 꼬리지느러미 등부분 시점,
⑫ 꼬리지느러미 복부 시점

2. 염색체핵형(染色体核型) 및 조형(组型)

연구팀은 중국 황해 부시리 종군(种群)의 염색체핵형, 염색대에 대한 연구를 완성하고 부시리 염색체핵형 공식을 도출하였다. 연구에 따르면 1번 염색체(한쌍)는 이차수축(次缢痕, secondary constriction)과 부수체(satellite)가 있다(그림-3).

염색체핵형 공식: $2n=48=6sm+4st+38t$

[그림-3] 부시리 중기 분열 형태(좌) 및 핵형 도보(图谱)

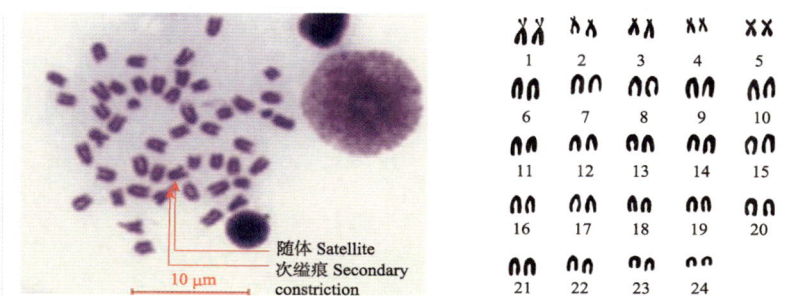

아울러 부시리 염색체의 Ag-NORs 수와 염색대에 대해 분석한 결과 분열기 세포의 핵소체(核仁) 수는 1~3개였고, 1핵과 2핵 핵소체에 간기핵(间期核)의 수량이 가장 많다. 상동염색체(同源染色体)가 차중부동원체형염색체에 이차수축이 있으며 Ag-NORs 가 위치한 구역과 C 벤드 강양성(强阳性) 은 서로 대응하고 있다(그림-5, 그림-6). 부시리 염색체 G 벤드 핵형에는 114개의 양성대(阳性带)와 음성대(阴性带), 가변대(可变带)가 있다(그림-4). 이와 같은 연구결과는 부시리 종묘자원에 대한 검증과 유형 구분을 위한 근거자료가 된다.

[그림-4] 부시리 G 벤드 중기 분열시기 G 벤드(좌) 및 핵형 도보

[그림-5] 부시리 Ag-NORs 벤드형 특징

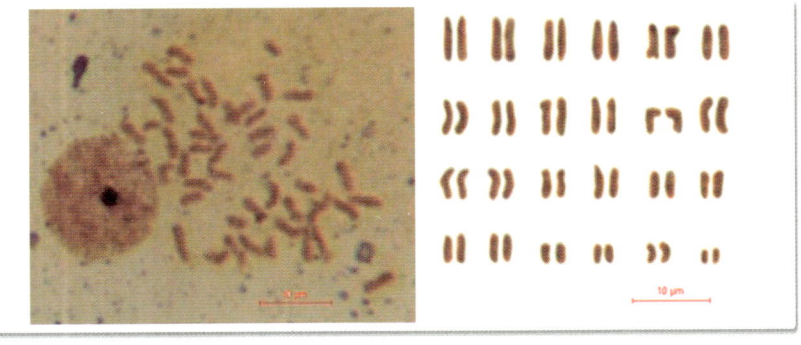

[그림-6] 부시리 Ag-NORs 벤드형 특징

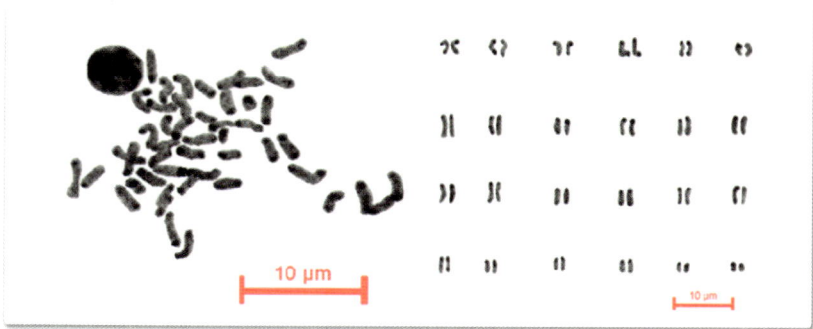

3. 미토콘드리아(线粒体) 유전체(基因组)의 특징

연구팀은 2b-RAD 단순화 유전자 고중성자속 서열 분석방법(简化基因组高通量测序)과 생물 정보학 분석방법을 이용하여 부시리 미토콘드리아 유전자 다형 서열 및 시스템 계통수를 도출하였다(그림-7). 나아가 28,283개의 부시리 SNP 분자마커(分子标记, Molecular marker)를 획득함으로써 황해 군집 관계를 분석하고, SNP 마커에 대한 PCA 분석을 통해 어족군집 유전 다양성에 대한 분석결과를 도출하여 다양한 군집 간의 유전자 감별을 위한 기술적 지원이 가능하게 되었다.

[그림-7] 부시리 미토콘드리아 유전체 구조 설명도(좌) 및 시스템 계통수 분석(우)

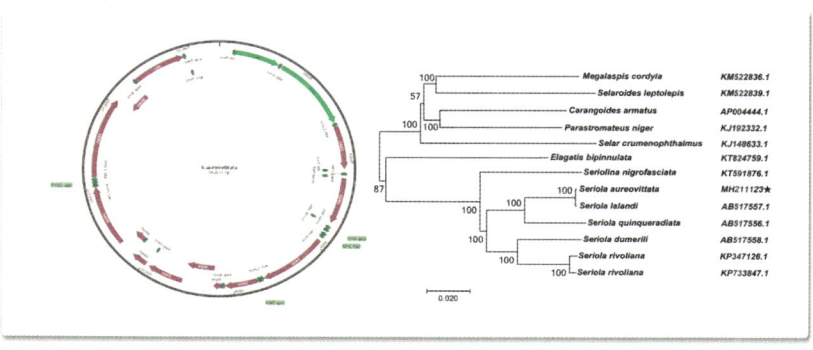

4. 연령 감정(鉴定)에 관한 연구

　연구팀은 부시리의 비늘과 척추골의 형태 및 연령 간의 상관관계에 대해 분석함으로써 비늘과 척추골 가로무늬(橫纹)에 대한 분석을 통해 연령을 판단하는 근거를 찾게 되었다. 연구결과에 따르면 비늘과 척추골은 현저한 연륜 특징을 가지는바 연륜을 가장 잘 나타내는 부위는 물고기 복부와 옆선부위의 비늘이며, 척추골의 경우에는 2-8번 척추와 23-24번 척추의 횡단면이다. 0+살의 부리시 비늘과 척추골은 연륜 특징을 가지지 않으며, 1+살의 경우 비늘과 척추골은 1개의 연륜선을 가지며, 2+의 경우 2개의 연륜선, 3+는 3개의 연륜선을 갖게 된다. 연륜에 관한 연구는 부시리 자연자원 관리, 과학적인 이용과 양식 성장·조절기술을 위해 중요한 기초자료를 제공하게 된다.

III. 근육의 영양성분 분석

　부시리 근육의 영양성분 측정과 분석을 통해 알 수 있는바 근육에는 양질의 단백질이 함유되어 있고 필수 아미노산 및 딜리셔스 아미노산(鮮味氨基酸, Delicious amino acids) 이 풍부하여 FAO/WHO에서 권장하는 이상적인 단백질 공급원기준에 부합한다. 부시리 근육에 함유된 지방은 연어, 참치, 우럭 등 어종보다 높을뿐더러 불포화 지방산이 풍부하다. 또한 불포화 지방산과 포화지방산의 비율이 높고 "EPA+DHA" 함량이 높기 때문에 맛이 좋고 영양가가 높다(표-1, 표-2). 비교분석에 의하면 양식 부시리는 자연산 부시리보다 지방 함량이 높고 수분 함량이 낮으나 기타 영양성분에는 별반 차이가 없다. 부시리 근육에 함유한 단백질과 지방의 질이 비교적 높으며 신선한 맛과 풍부한 영양소를 가지고 있어 이상적인 단백질 공급원의 역할을 하게 될 것으로 생각된다.

[표-1] 양식부시리와 자연산 부시리 근육의 아미노산 조성 및 함량 비교

(단위: %, 습중량)

氨基酸 Amino acids	养殖黄条鰤 Farmed *Seriola lalandi*	野生黄条鰤 Wild *Seriola lalandi*
*苏氨酸Thr	0.78	0.87
*缬氨酸Val	0.96	1.07
*蛋氨酸Met	0.60	0.66
*异亮氨酸Ile	0.90	0.98
*亮氨酸Leu	1.65	1.82
*苯丙氨酸Phe	0.84	0.93
*赖氨酸Lys	1.79	1.96
#天门冬氨酸Asp	1.65	1.82
#谷氨酸Glu	1.33	1.47
#甘氨酸Gly	1.09	1.23
#丙氨酸Ala	1.68	1.89
酪氨酸Tyr	0.62	0.70
脯氨酸Pro	0.51	0.55
丝氨酸Ser	1.07	1.18
&组氨酸His	1.18	1.28
&精氨酸Arg	1.18	1.30
必需氨基酸 Essential amino acids (EAA)	7.52	8.29
非必需氨基酸 Nonessential amino acids (NEAA)	7.95	8.84
半必需氨基酸 Semi-essential amino acids (SEAA)	2.36	2.58
鲜味氨基酸 Delicious amino acids (DAA)	5.75	6.41
总氨基酸Total amino acids (TAA)	17.83	19.71
WEAA/WTAA/%	42.20	42.10
WEAA/WNEAA/%	94.60	93.80
WDAA/WTAA/%	32.20	32.50

설명: * 필수 아미노산, & 세미 필수 아미노산, # 딜리셔스 아미노산

[표-12] 양식 부시리와 자연산 부시리 근육의 지방산 조성에 대한 비교

(단위: %, 습중량)

脂肪酸 Fatty acids	养殖黄条鰤 Farmed Seriola lalandi	野生黄条鰤 Wild Seriola lalandi
*C14:0	2.88	2.51
*C15:0	0.42	0.5
*C16:0	22.25	21.23
*C17:0	0.43	0.84
*C18:0	4.82	7.69
&C16:1	6.58	5.52
&C17:1	0.34	0.53
&C18:1	22.15	27.82
&C22:1n9	3.64	0.46
#C18:2n6	1.61	0.84
#C18:3n3	1.00	0.48
#C18:4n3	2.21	0.54
#C20:4n6	——	1.32
#C22:5n3	1.09	2.10
#EPA	6.60	4.10
#DHA	13.63	16.67
饱和脂肪酸 Saturated fatty acid (SFA)	30.8	32.77
单不饱和脂肪酸 Monounsaturated fatty acid (MUFA)	32.71	34.33
多不饱和脂肪酸 Polyunsaturated fatty acid (PUFA)	26.14	26.05
UFA/SFA	1.91	1.84

설명: * 포화 지방산, & 단수 불포화 지방산, # 다수불포화지방산, —— 검출한계 이하

IV. 초기 성장발달 특징에 관한 연구

부시리 초기 생활단계 및 성장발달의 형태와 수량 등 특징에 대해 연구하고 수정란에서 치어까지의 성장 특징과 외관에 대해 관찰하였다. 이에 따르면 부시리의 성숙한 수정란은 투명한 원형으로 직경이 1.48 ± 0.041mm이며, 단

일 오일 볼(単油球)로 알 직경이 0.37±0.022mm이다. 21.5±0.5℃이하의 수온에서 수정하여 73시간 40분 후에 부화된다(그림-8). 막 부화된 치어의 전장은 4.23±0.391mm이며, 3일이 지난 치어는 입이 열리고 난황낭의 95%를 소비한다. 치어는 부화 4일째부터 로티퍼(轮虫)를 먹이로 섭취하며, 8일째부터 완전한 외생 영양단계에 진입하게 된다. 척추말단(脊椎末端)은 부화 15일째부터 굽혀지며 25일째에는 굽힘 과정을 마무리한다. 35일된 치어의 지느러미 수는 성인 물고기의 지느러미수와 일치하며, 80일된 치어는 주둥이부터 꼬리자루까지 노란색의 세로 줄무늬가 생겨 성어와 거의 비슷한 형태를 하고 있다(그림-8).

[그림-8] 부시리 수정란의 발달 과정 및 특징

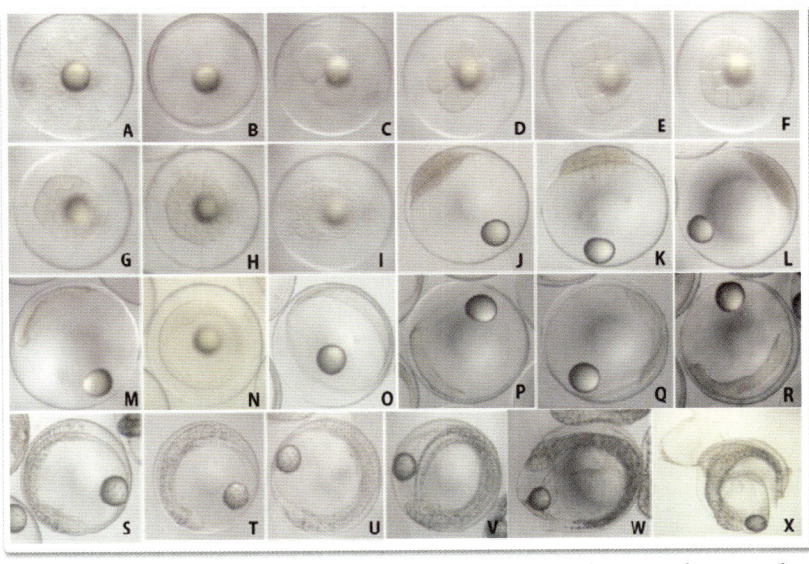

A. 미수정란 B. 수정란 동물극(动物极, animal pole) 형성 C. 2세포 D. 4세포 E. 8세포
F. 16세포 G. 32세포 H. 64 세포 I. 다세포 J. 상실배 K. 고배반포 L. 저배반포
M. 초기 원장(장배) N. 초기 원장 정면 O. 중기 원장 P. 후기 원장 Q. 구멍(原口)폐쇄
R. 신경배 S. 배양체 난황낭1/2 T. 배양체 난황낭2/3 U. 배양체 난황낭4/5
V. 배양체 난황낭 전체 W. 파막 부화 X. 부화 출막

[그림-9] 부시리 치어의 형태적 특징

A. 부화 치어(仔鱼)   B. 1d 치어   C. 2d 치어   D. 3d 치어   E. 5d 치어
F. 7d 치어   G. 10d 치어   H. 15d 치어   I. 20d 치어   J. 25d 치어
K. 35d 치어(稚鱼)   L. 45d 치어(稚鱼) M. 60d 유어(幼鱼)   N. 80d 유어

V. 소화계 특징에 관한 연구

부시리 성어 및 치어 발달과정에서 소화기관의 조직구조 특징에 대해 살펴보기 위해 식도, 위, 창자(前场, 中肠, 后肠)의 조직세포 구조 및 분포에 대해 분석하였다. 식도에는 단층원주상피(单层柱状上皮)와 점막이 있으며, 점막에는 주름이 있으며 규칙적으로 배열되어 있다. 창자 특히 뒷부분에 있는 결장은 발달과정에서 다양한 특징을 나타내는데 물고기가 성장하는 과정에서 혈관과 중심 유미관(장에 있는 림프관)이 증가하고 점막 주름이 짧아지며 배상세포가 증가하고 염색질이 짙어지고, 배상세포 분비물이 윤활제로 작용하며, 발달한 환상근을 갖고 있어 빠르게 수축, 이완할 수 있으며 음식을 삼킬 수 있도록 도와준다. 위도 매우 발달되어 있는데 단계별 발달과정의 위 절편에 대한 관찰을 통해 발달된 근육과 근막(肌层)을 갖고 있다는 것을 알게 되었다.

[그림-10] 부시리(1齡) 소화계 조직학 절편

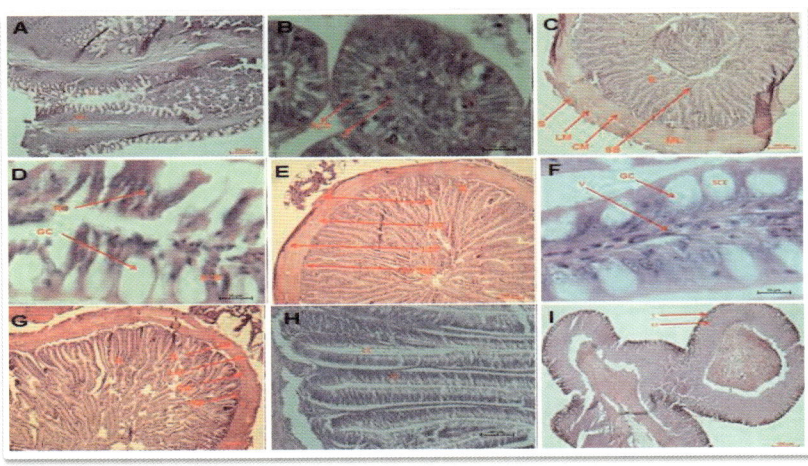

A. 식도 B. 식도 C. 전장(前肠) D. 전장(前肠) E. 중장(中肠) F. 중장(中肠)
G. 후장(后肠) H. 후장(后肠) I. 위 V. 혈관 SCE. 단층원주상피 E. 상피
ML. 근막 LM. 세로 힘살(纵肌) CM. 환상근(环肌) SB. 선조연(纹状缘) S. 장막(浆膜)
RC. 이상세포(梨状细胞) GC. 배상세포(杯状细胞) SM. 점막하조직(黏膜下层)
CL. 중심 유미관(中央乳糜管) M. 근육 L. 관강(管腔)

VI. 염분변화에 적응하기 위한 메커니즘

연구팀은 부시리 치어의 염분변화에 대한 적응 정도에 대해 관찰하였다. 즉 염도(5‰, 10‰, 15‰, 20‰, 25‰, 30‰, 35‰) 가 급격하게 변하는 경우와 장시간에 서서히 변화하는 경우 등 2가지 유형으로 구분하여 아가미, 소변, 혈청, 혈장삼투압(血漿滲透压), 이온(Na^+, K^+, Cl^-) 등의 농도 변화를 관찰하고, 나아가 $Na^+-K^+-ATPase$와 SOD 활력, 갑상선 호르몬의 변화에 대해 관찰함으로써 부시리의 염분변화에 적응하기 위한 메커니즘의 작용 원리를 밝혀냈다(그림-11~그림-15).

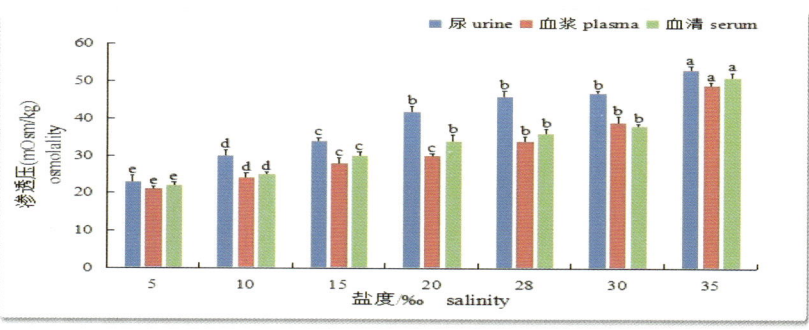

[그림-11] 염분변화가 부시리 혈청, 혈장, 소변삼투압에 미치는 영향

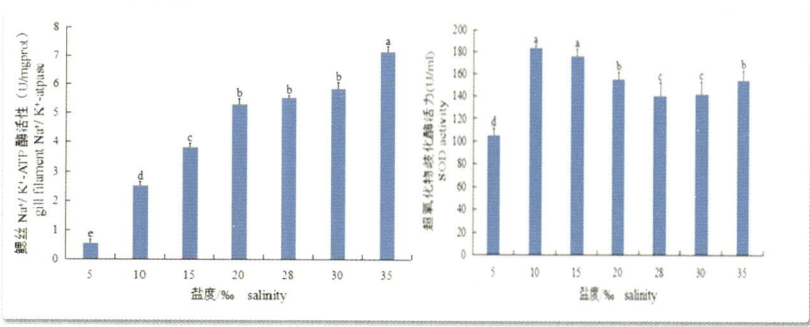

[그림-12] 아가미의 Na+ - K+ - ATP 효소, SOD 효소의 활력

[그림-13] 염분의 급격한 변화 시 아가미 Na+/ K+-ATP(좌) 및 SOD 효소의 활성 변화

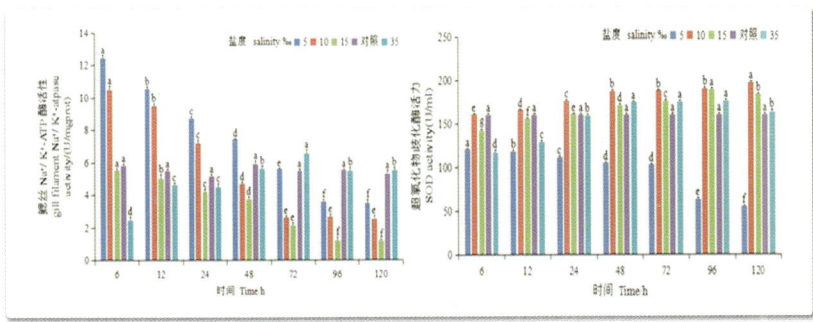

[그림-14] 부시리 치어 소변, 혈액의 Na+, K+, Cl- 농도와 염분 변화 간의 관계

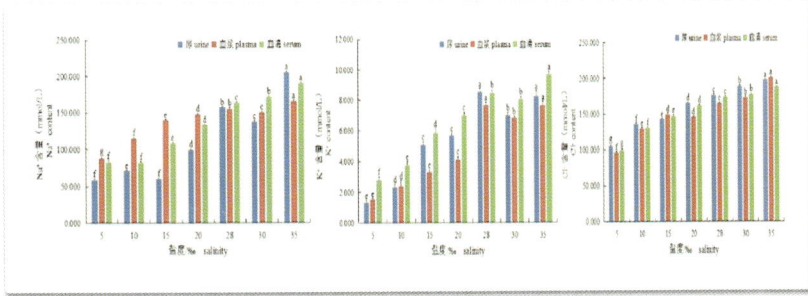

[그림-15] 염도의 변화에 따른 혈청 갑상선 호르몬의 변화(완만한 변화(좌)와 급격한 변화(우))

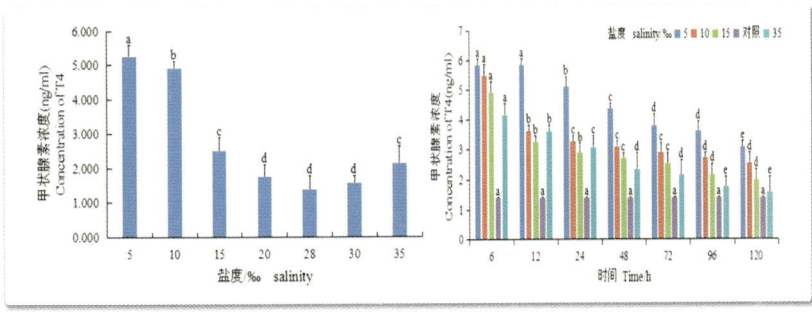

Ⅶ. 성장조절 메커니즘에 관한 연구

1. 성장 호르몬 및 인슐린 유사 생장인자(insulin like growth factor)

본 연구팀은 부시리의 성장 메커니즘 및 환경 적응력에 대해 연구하기 위해 성장호르몬, 인슐린 유사 생장인자 등 성장 및 발달의 핵심 요인을 복제하여 조직분포와 초기 발달 특성을 밝혀냈다. 부시리 생장호르몬(gh) 유전자의 상보적 DNA(cDNA)의 전장은 852 bp이며, 204번째 아미노산의 단백질 전구체(前体蛋白, preprotein, GenBan번호: KY405019), 성숙된 펩티드(mature peptide)의 분자량 및 등전점(等电点)은 각각 21.36 KDa, 21.36 KDa이다. 성장호르몬 아밀로이드 전구체는 농어목과 높은 상동성을 보였다. 진화론에 대한 분석 결과에 의하면 부시리 성장호르몬과 기타 어류의 성장호르몬과 유사한 특성을 가진 것으로 판단된다. *gh* mRNA는 주로 뇌하수체에서 발현되고, 그 다음으로는 생식선과 뇌에서 발현되며, 심장과 위 등 기타 주변조직(外周组织)에서 가장 적게 발현된다(그림-16).

부시리 ig*f1*유전자의 상보적 DNA(cDNA)의 전장은 1946 bp이며, 185번째 아미노산 단백질 전구체(GenBan번호: KY405020), 성숙된 펩티드(mature peptide)의 분자량 및 등전점(等电点)은 각각 7.49 KDa, 7.76이다. ig*f2*유전자의 상보적 DNA(cDNA)의 전장은 1154 bp이며, 215번째 아미노산 단백질 전구체(GenBan번호: KY405021), 성숙된 펩티드(mature peptide)의 분자량 및 등전점(等电点)은 각각 7.88 KDa, 5.02이다. 부시리 IGF1과 농어목, 가자미목, 복어목과 높은 상동성(88.95~98.38%)을 보였다. 부시리 IGF2는 농어목, 가자미목, 복어목과 높은 상동성(88.37 ~ 95.81%)을 보이고 있다.

척추동물 IGF 가족은 크게 3가지로 구분할 수 있는데 그중 부시리 IGF1과 IGF2는 기타 어류 IGF1, IGF2와 유사한 특징을 갖고 있다. ig*f1* mRNA는 주로 생식선과 간장에서 발현되며 그 다음으로 뇌하수체에서 많이 발현되고,

눈 등 기타 주변조직에서 가장 적게 발현된다. igf2 mRNA는 주로 아가미와 간장에서 발현되며, 그 다음으로 생식선, 창자, 눈의 순서로 나타나며, 신장 등 기타 주변조직에서 가장 적게 발현된다(그림-16).

[그림-16] 부시리 gh(좌), igf1(우), igf2(하) 조직 분포

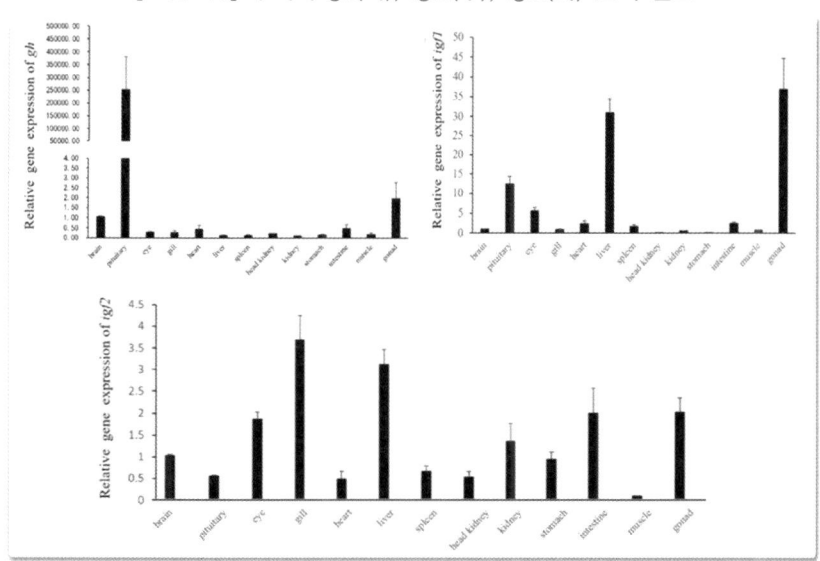

2. 근육 성장 및 발달에 영향을 미치는 유전자

어류의 근육 성장 및 발달은 환경, 유전자, 호르몬 등 다양한 요인에 의해 영향을 받으며, 유전자 수준에서 양성 조절요인(正向调控因子, regulatory factors) 즉 근원성 조절인자(Myogenic regulatory factors, MRFs)와 음성 조절요인에 의해 조절된다. 연구팀은 부시리 음성 조절요인 가족 6개 유전자(표-3)를 복제하여 유전자의 구조, 시스템 진화의 특징에 대해 분석하였으며, 조직의 발현 특징과 초기 발달과정에서의 발현형식을 밝혀내었다. 이러한 연구 결과는 성장의 생리학적 시스템을 규명하는데 중요한 자료로 활용되고 있다.

[표-3] 부시리 근육 발달 조절요인의 주고적 특징

유전자	cDNA	5'-UTR	ORF	3'-UTR	아미노산(수)	분자량(KD)	등전점	GenBank 등록번호
MSTN	1828bp	159bp	1131bp	538bp	376	42	5.4	MH144053
PTEN	1575bp	222bp	1287bp	66bp	428	49	6.16	MH144052
myf6	951bp	159bp	720bp	72bp	239	26.6	4.91	MK101226
myod1	1233bp	213bp	123bp	298bp	40	32.3	5.6	MK036016
myod2	900bp	55bp	792bp	53bp	263	28.8	5.88	MH378804
myog	1105bp	166bp	753bp	186bp	250	27.3	6.82	MK036016

VIII. 친어(亲鱼) 육성 및 생식조절 기술에 대한 연구

연구팀은 부시리가 자연 산란하는 환경에 가까운 친어육성시설을 설치하여 자연산 부시리 관리기술을 터득하였으며, 2013년에는 자연산 부시리 종묘를 채집하여 실험함으로써 친어육성기술을 확보하였다. 특히 부시리 친어관리 및 육성에 적합한 환경을 조성하여 번식함으로써 친어의 생식선 발달을 유도하고, 수조 내에서 자연 산란함으로써 우량품종의 집중 육성이 가능하게 되었다. 이는 부시리 친어 산란리듬과 수정란 직경의 변화 규칙을 밝혀내는데 중요한 자료가 되었다.

IX. 종묘육성 및 생식조절 기술에 대한 연구

연구팀은 부시리 채란(采卵) 및 수정란 부화 기술에 대한 연구를 통해 수정란 부화에 적합한 환경여건을 밝혀내고 배아 부화기술 및 작업순서를 개발했다. 이를 통해 종묘의 성장 및 발달에 적합한 환경 여건, 먹이의 종류 및 급이시간과 양을 정확하게 조절하여 종묘육성의 공장화 생산기술을 개발하였다. 이 기술은 2017년 국내 최초 종묘육성에 관한 핵심기술로 인정받았으며 평균 전장이 13cm 이상인 종묘 23,000 마리를 배양하였다. 연구팀은 2017년부터 2018년까지 부시리 종묘 10만 마리를 성공적으로 배양하였다.

X. 바다와-육지 릴레이식 양식기술 연구

연구팀은 중국 북방지역 심해에서 풍랑 저항성능이 뛰어난 가두리양식장(深水抗风浪网箱)과 월동기 육상 순환여과 양식어장(陆基工厂化, 육상 축제식 어류 양식장이라 칭함)을 개발하여 바다와 육지 간의 릴레이식 양식에 성공하였다. 본 연구는 북방지역의 심해 양식기술개발에 중요한 자료와 기술적 지원을 제공할 예정이다.

1. 심해 풍랑 저항 가두리양식어장

축제식 가두리양식장을 이용한 부시리 중간육성을 거쳐 심해 가두리양식장으로 옮겨진다. 심해 가두리양식장에 사용되는 가두리는 금속재료로 만들어져 풍랑 저항성능이 뛰어나며 가두리의 크기는 10m×10m×6m의 원형(둘레 50-120m) 가두리(HDPE) 양식어장이다. 종묘 방류 밀도는 물고기의 연령과 성장 및 발달상황에 따라 측정되는데 연령이 많고 성장 및 발달이 많이 될수록 밀도는 감소한다. 양식 부시리의 먹이는 까나리(玉筋鱼)와 인공사료를 배합하여 사용하며, 급이 양은 성장과 발달상황에 따라 조절된다. 부시리는 다른 어종과 비교하여 성장속도가 빠른바 당해 연도 봄에 전장 8-10cm의 종묘를 방류하여 4개월 간(겨울철 월동 이전) 양식할 시 체중은 400g 이상 자랄 수 있다. 늦가을(秋季末)에 들어서 수온이 16-17℃까지 내려가면 심해 가두리양식어장에서 육상 축제식 양식장으로 옮겨져 월동하게 된다. 부시리 운반 시에는 활어선과 기차로 운반하며 용기에 산소나 공기를 주입하여 수중 운반함으로써 생존율 100%를 유지한다. 심해 가두리양식어장에서 운반된 부시리는 육상 축제식 양식어장에서 월동하는데 수온은 14섭씨도 이상으로 유지하며, 다음 해 5월에 다시 심해 가두리양식장에 운반되어 양식된다. 이후 5개월 간 양식할 시 체중은 3kg까지 증가한다(그림-17).

2. 육상 축제식 양식어장

면적이 50㎡인 축제식 양식수조에서 양식할 시 양식장의 양식밀도는 20마리/㎡이며, 수온은 14-17섭씨도로 유지한다. 월동기간 먹이는 인공사료를 사용하며 하루에 한번 먹이고, 급이 량은 체중의 1-2%로 한다. 양식수조의 물은 하루에 한번 갈아줌으로써 청결을 유지한다. 월동기간의 수온은 해상가두리 양식기간 보다 낮게 설정하며 급이 량도 적게 조절하여 종묘의 성장과 발달속도를 늦춘다. 월동기간의 생존율은 95%이상으로 유지할 수 있다. 다음 해 5월 해수 수온이 15섭씨까지 상승할 시 해상가두리양식장으로 다시 운반하여 양식한다.

[그림-17] 부시리 바다-육상 릴레이식 양식 성장

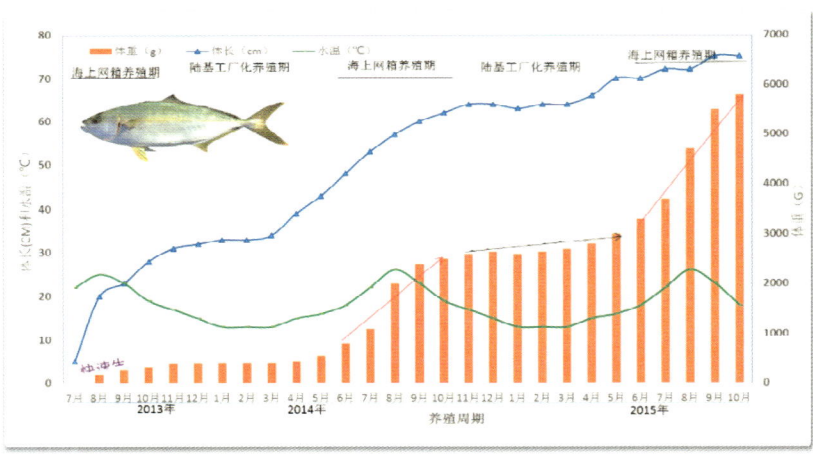

XI. 향후 전망

부시리는 세계의 온대와 아열대 해역에 분포되어 있는 회유성 어종으로 높은 경제적 가치를 가지고 있으며 심해·원해 양식업의 주요 양식품종이다. 중국 국내연구진이 부시리 인공번식 및 양식기술 개발에 성공함으로써 해양수산자원의 고갈문제를 해결하고 심해양식을 위한 우량종묘 제공에 기여할 수 있다. 일반적으로 대서양 연어(大西洋鲑), 방어(五条鰤), 참치(金枪鱼) 등 대양성 경제어종을 심해 가두리양식 어종으로 선정하는데, 노르웨이의 경우 대서양 연어의 연간 양식 생산량이 120만 톤에 달하고, 일본의 방어 양식 생산량은 10 여만 톤에 달한다. 중국 국내연구진은 해외의 성공적인 심해양식기술을 도입하여 국내 심해양식기술 및 양식업의 개발에 성공하게 되었다. 연구 실험 결과로부터 알 수 있는바 부시리는 성장 및 발달속도가 빠르고, 심해 가두리양식에 적합하다. 연구진은 양식기술과 양식절차에 관한 노하우를 축적함으로써 중국의 심해 양식업의 발전을 위한 기술적 토대를 마련하게 되었다. 그러나 부시리의 인공번식 및 양식기술의 개발과 관련하여 여러 가지 문제점이 많은 바 앞으로 개선되어야할 사항들에 대해 건의하고자 한다.

첫째, 종묘자원에 대한 연구 및 지속적인 평가가 필요하다. 전세계 부시리 종묘자원 현황에 대한 체계적인 조사를 통해 부시리 종군의 유전학 특징에 대해 연구하고 나아가 자원관리 및 지속가능한 양식업을 위해 유전자 평가 기준을 마련하여야 한다.

둘째, 영양 수요 및 배합사료에 대한 연구가 필요하다. 부시리의 성장단계별 영양구성의 배합에 대한 연구가 필요하다. 즉 부시리가 성장하면 영양섭취량도 함께 증가되고 성장단계와 소화·흡수 능력에 맞춰 필수 영양소 함량을 공급하여야 한다.

셋째, 양식용 종묘의 규모화 사업을 추진해야 한다. 특히 친어 생식조절기능에 대한 연구, 우량 친어집단 확보, 교배기술, 질병관리 및 예방, 종묘입식 및 생존율 제고 등 핵심기술 개발을 강화하여야 한다.

넷째, 개방된 해역과 심해·원해 양식기술을 적극 개발함으로써 중국의 심해·원해 양식업의 발전에 기여하여야 한다.

다섯째, 산업화·공장화 생산 그리고 시장 확보를 위해 노력하여야 한다. 각 생산 단계별 전략을 수립하여 양식업과 냉동 및 가공 등 관련 산업의 연계를 강화하고 국내외 시장을 개척함으로써 중국 부시리 양식업의 성공사례를 만들어야 한다.

참고문헌

[1] Bao Shi, Xuezhou Liu, Yongjiang Xu, Bin Wang, Yan Jiang. Complete mitochondrial genome of yellowtail kingfish Seriola aureovittata (Perciformes, Carangidae). MITOCHONDRIAL DNA PART B, 2019, 4(1): 517-518

[2] Bin Wang, Yongjiang Xu, Xuezhou Liu, Quan Liu, Yongshan Liu, Yaxing Zhang, Bao Shi. Molecular characterization and expression profiles of insulin-like growth factors in yellowtail kingfish (Seriola lalandi) during embryonic development. Fish Physiology and Biochemistry, 2018, doi.org/10.1007/s10695-018-0570-5

[3] 姜大为, 林乐玲, 陈勇, 梁永胜.黄条鰤室内越冬及生长观察. 大连海洋大学学报, 2001, 16(3), 223-227.

[4] 李 荣, 徐永江, 柳学周, 史 宝. 黄条鰤(Seriola aureovittata)形态度量与内部结构特征. 渔业科学进展, 2017,38(1):142-149

[5] 刘永山, 柳学周, 史宝, 徐永江, 李荣, 吕永军. 黄条鰤染色体多种显带的形态特征分析. 水产学报, 2018, 42(9): 12-21.

[6] 柳学周, 徐永江, 李 荣, 吕永军, 史 宝, 宁劲松, 王 滨. 黄条鰤(Seriola aureovittata)肌肉营养组成分析与评价. 渔业科学进展, 2017, 38(1):128-135

[7] 柳学周. 黄条鰤人工繁育技术取得重大突破. 海洋与渔业, 2017,(8):9.

[8] 史宝, 刘永山, 柳学周, 徐永江, 李荣, 宋雪松. 黄条鰤(seriola aureovittata)染色体核型分析. 渔业科学进展, 2017, 38(1): 139-144.

[9] 孙冉冉, 史宝, 柳学周, 常亚青, 张言祥, 高全义. 黄条鰤pten基因克隆、组织分布及早期发育阶段的表达分析. 大连海洋大学学报, 2019, 34(1):47-55.

[10] 夏连军, 黄宁宇, 施兆鸿, 王海平. 影响黄条鰤苗种运输成活率的因素. 水产科技情报, 2005, 32(2), 57-58.

[11] 徐永江, 张正荣, 柳学周, 王 滨, 史 宝, 刘永山, 李 荣, 张言祥. 黄条鰤早期生长发育特征. 中国水产科学, 2019, 26(1): 172-182

환항해 지역경제협력과 수산자원관리

08
중국 해양수산자원 증식 정책 및 법률에 관한 연구

田其云(Tian Qiyun)

중국 해양수산자원 증식 정책 및 법률에 관한 연구

田其云(Tian Qiyun*)

국문초록

　　중국의 어업자원 개발이용은 불충분한 개발, 중간정도 개발(中等利用), 충분한 개발, 과도어획, 주요 경제성 어종의 감소 및 고갈 등 5개 발전단계를 거쳤다. 중국은 어업자원 보존에 관한 다양한 법률을 제정·시행하고 있는데 이에는 어업자원 총량규제, 어업자원 개발이용계획, 어업자원 보존 및 관리 등에 관한 내용이 포함된다. 주요 법률에는 어업법, 어업허가관리법 등이 있다. 중국의 경우 경제발전, 인구 및 소득 증가로 인해 수산물 수요가 대폭 증가하였으며, 어획능력 향상에 따른 어획량 증가로 인해 해외수출이 확대되고 있다. 이와 같이 어업자원이 점차 고갈됨에 따라 어업자원을 적극 보호할 필요성이 대두고 있다. 중국정부는 연근해 어업자원 회복계획을 추진함과 동시에 어업자원의 증식을 위해 다양한 패류종묘의 살포 및 어류 방류사업을 통해 어업인의 소득을 증대하고 어업생산기반을 확충하였다.

---

* 중국해양대학교 법과대학 교수, 법학박사.

어업자원 회복 및 증식에 관한 규정은 어업법, 해양환경보호법 등에서 규정하고 있다. 관련 법률의 주요 내용에는 어업자원의 회복·증식·보전에 관한 관리자의 의무, 기술개발 지원, 어민과 지방정부의 책임 등이 포함된다. 나아가 어업자원의 증식·회복에 관한 정책으로는 어업자원증식관리, 증식기술표준 및 통계체계 구축, 증식계획 및 승인절차, 종묘방류에 대한 검역 및 방류과정에 대한 지도·단속, 증식으로 인한 어업자원 조성효과에 대한 평가 등이 있다. 중국정부는 수산생물의 종묘를 방류하여 자원을 증대하는 방법 외에도 수산생물의 서식환경을 개선·조성하기 위해 인공어초를 투하하는 방법도 채택하고 있다. 인공어초사업이 전국범위에서 광범위하게 진행되고 있으나 인공어초관리규범, 인공어초 종합이용·개발 등에 관한 법률은 아직 마련되지 않고 있는 실정이다. 따라서 어초시설의 관리를 강화하고, 인공어초시설사업 진행에 대한 감독을 강화함과 동시에 어초시실사업에 대한 재정지원을 확대하고 인공어초시설사업에 관한 기초연구를 확대하여야 한다.

현재 중국은 어업자원증식기금(海洋渔业资源增殖基金)을 설립하지 않고 있는데, 어업자원을 어획하는 기업 및 개인으로부터 징수한 어업자원증식보호비(渔业资源增殖保护费), 해양환경오염자가 납부한 과태료, 생태보상금(生态补偿金), 어업자원 보전 및 생태계 복원에 관한 국내외 지원금 등으로 인공어초시설사업에 필요한 재원을 충당하고 있다.

키워드: 해양어업자원, 증식방류, 인공어초, 정책 및 법률

Ⅰ. 들어가면서

오늘날 육지에서 고갈된 자원과 인구증가에 따른 식량부족 문제, 환경오염 문제 등을 해결할 수 있는 돌파구를 바다에서 찾으려는 국가들이 많아지고 있다. 이들 국가들이 추진하는 사업의 우선순위는 해양자원의 개발이다. 특히 해양자원 중에서도 어업자원은 국가 경제의 주요 산업으로서 인류에게 필요한 동물성 단백질의 20%이상을 공급하는 중요한 식량산업이다. 어업생산은 경제발전에 힘입어 어선척수의 증가와 어구의 발달, 국민생활 수준의 향상에 의한 수산물의 수요 증가로 인해 과도한 어획, 경쟁적 어획이 진행되고 있으며 이로 인해 자원상태가 악화되고 어획량이 감소하고 있다.

중국 또한 과도한 어획, 남획과 어업자원 관리에 소홀한 관계로 인해 연근해 어업은 어업자원이 감소하고 있고, 대표적인 경제성 어종과 고가어종이 고갈되고 있다. 특히 지역별 주요 어종의 급격한 생산량 감소, 수산생물의 먹이사슬 상단에 위치한 영양단계가 높은 어종의 수가 감소하는 반면에, 먹이사슬 하단에 있고 영양단계가 낮은 어종이 증가하면서 어업자원수준이 급격하게 떨어지고 연근해의 어업생산은 현격히 저하되었다. 연근해 어업생산을 회복하기 위해 정부는 한편으로 어업자원회복계획을 수립하여 적극적 회복을 시도하고, 과잉 어구와 불필요한 어선의 감척사업을 추진하고, 연근해어업의 구조개선을 추진함과 동시에 일정 규모와 재원을 확보한 수산기업들이 연근해어업에서 원양어업, 심해어업으로 전환하도록 적극 지원하였다. 그러나 국제수산업 여건의 변화, 기후온난화 등으로 인해 어업자원이 감소하고 있으며 국제기구의 조업규제 강화, 원양어업계의 경쟁 심화 등으로 중국 원양어업의 사업기반이 악화되고 있다. 다른 한편으로는 어선척수와 어선톤수(双控制度)를 제한함과 동시에 어선 감척 대상자로 선정된 어업자가 연근해어업을 폐업하고 기타 업종으로 전업하도록 어업자에 대한 지원을 강화함으로써 어업자가 어업생산에서 가공, 유통 등 관련 산업으로 전환하도록 적극 유도하였다. 이처럼 연근해어업에 대한 지원금, 어선감척사업에 참여하는 어민에 대한 행정적·재정적·기술적 지원을 제공하는 방법으로 어업자원을 관리하고 있는데, 학계에서는 이를 "조혈식(造血式)"지원방법이라고 부른다. 그러나 현재 단계에 있어서 중국정부의 "조혈식"지원방식은 어업자원을 효율적으로 관리하고 회복함에 있어서 긍정적인 역할을 하고 있다. 특히 정부지원에 힘입어 방류증식, 인공어초 등 어업자원회복을 위한 기술개발과 어업자원의 회복을 적극 추진함으로써 어업자원 개발로 인한 경제적·생태적·사회적 이익을 취할 수 있었다.

II. 어업자원 감소에 대응하기 위한 법제도

앞에서 서술한 바와 같이 중국의 어업자원 개발·이용은 불충분한 개발, 중간 정도 개발(中等利用), 충분한 개발, 과도어획, 주요 경제성 어종의 감소·고갈 등 5개 발전단계를 거쳤다. 1950년대는 연근해어업생산의 발전초기 단계로서 어업자원 개발이 충분히 이루어지지 않은 상태이다. 또한 어획능력의 부족으로 어업자원의 신속한 회복이 가능하였다. 1960년대에는 어선척수의 증가와 어구의 발달로 인해 어업생산이 급속히 증대하여 어업자원 개발·이용수준이 중등수준에 달하였고 개발 어종이 감소하는 현상이 나타났다. 특히 참조기(小黃魚) 자원량이 현저히 감소했다. 1970년대는 어업생산의 전환기로 주요 경제성 어종에 대한 남획으로 인해 연근해 어업자원이 급속히 감소하였으며 연근해 자원회복을 위해 원양어업을 적극 발전시켰다. 연근해어업의 경우 참조기의 고갈, 부세(大黃魚), 갈치(帶魚) 등 어종에 대한 개발이 충분히 이루어졌으며 상업적 남획이 나타났다. 과도한 남획으로 인해 부세 등 어종에 대한 심각한 훼손이 이루어졌고 어획량도 급속히 감소되었다. 1980년대 어업생산에 있어서 가장 중요한 단계(关键时期)로서 전통적 경제 어종(주요 어종)이 심각하게 감퇴하고 자원회복이 이루어지지 않았으며, 어획활동의 범위가 연근해 내측에서 외해로 확대되었다. 또한 연근해 어장에서 어획한 어종구조에도 변화가 생겼는데 새우, 꽃게, 고가어종이 전체 어획량에서 차지하는 비중이 감소하는 반면에 저가어종, 잡어(小杂鱼)가 차지하는 비중이 증가하였다. 또한 4대 주요어종(四大家鱼) 중에서 갈치의 어획량이 일정수준을 유지하고 있으며 기타 3개의 어종은 심학하게 감퇴하였다. 1990년대는 어업자원의 심각한 고갈로 인해 어업생산이 어려움을 겪게 되었다. 어민들은 어업자원의 심각한 감퇴 현실에도 불구하고 어선척수와 톤수는 증가되었고, 어획노력도 증대되었다. 나아가 과잉 투자로 인해 업계 경영난이 심각해졌고, 경쟁적인 어획활동으로 인해 치어까지 싹쓸이해 어업자원을 무분별하게 남획하였다.[1]

이와 같이 연근해 어업자원의 고갈로 인해 어업생산량이 하락되었고 어민의 생존 문제가 사회적 이슈로 대두되자 중국정부는 점차 어업자원 관리의 중요성과 필요성을 인식하게 되었다. 아울러 어업자원관리를 위해 총 허용어획량 제도(TAC)를 도입하여 지속적 생산량을 유지할 수 있도록 어획량을 관리하기 시작하였다.[2] 어업자원 관리조치의 효율적인 시행을 위해 정부는 어업법 개정에 착수하였다. 어업자원관리에 관한 법률 제정·개정과정을 간단히 살펴보면 아래와 같다.

중국은 1978년에 수정헌법에서 "국가는 환경과 자연자원을 보호하고, 오염과 기타 공해를 예방 및 관리한다"라고 규정하여 최초로 환경보호를 헌법에서 명문화하였고, 이를 바탕으로 1979년 환경보호법(环境保护法(试行))을 시범적으로 도입한 후 1989년에는 환경보호법을 정식으로 입법하였다. 1983년에는 "해양환경보호법(海洋环境保护法)"을 입법하고, 1999년 해양환경보호법 개정을 통해 해양생태계 보전, 어업자원 보전에 관한 내용을 구체화하였다. 아울러 "어업법(渔业法)", "해역사용관리법(海域使用管理法)", "자연보호구

---

1) 陈新军, 渔业资源可持续利用评价理论和方法, 中国农业出版社2004年版, 第197—211页 ; 陈新军, 论渔业资源的可持续利用, 资源科学, 2001年第2期.
2) 陈新军, 论渔业资源的可持续利用, 资源科学, 2001年第2期.

관리조례(自然保护区管理条例)", "선박오염방지 및 해역관리조례(防止船舶污染海域管理条例)", "육상오염방지 및 해양환경관리조례(防治陆源污染物污染损害海洋环境管理条例)", "해양폐기물관리조례(海洋倾废管理条例)", "해수수질표준(海水水质标准)", "어업수질표준(渔业水质标准)", "해양생물품질표준(海洋生物质量标准)", "해양기능구획(海洋功能区划)", "연근해해역기능구획(近岸海域环境功能区划)" 등 해양환경 보전 및 어업자원 관리에 관한 법률을 제정하였다.

그밖에 중국정부는 "유엔해양법협약(联合国海洋法公约)", "투기에 의한 해양오염 방지에 관한 국제협약(防止倾倒废弃物及其他物质污染海洋公约)"에 가입함으로써 해양환경의 보전, 어업자원의 보전 및 육성에 관한 국가의 의무를 이행하기 위해 노력을 다하고 있다. 전술한 법률, 법규, 지방행정입법, 관리표준 그리고 중국정부가 가입한 국제협약은 중국의 어업자원 관리에 관한 법체계를 구성한다.

이와 같이 중국정부는 해양환경, 수질, 어업자원의 보전에 관한 개개의 법규를 논리적으로 배열하여 법제도를 구성하고 이를 체계적으로 조직함으로써 어업자원을 효율적으로 관리하기 위해 노력하고 있다. 이에는 어업자원 총허용어획량제, 어업자원 관리계획, 규제, 어획량 배분, 감시·감독, 의무위반자에 대한 벌칙 규정 등이 포함된다. 예컨대 총허용어획량제도, 어업허가제도, 어선척수와 톤수에 대한 규제("双控" 制度), 어획량 제로성장(零增长)제도, 금어기, 금어구 등 어업자원 관리를 위한 법제도가 포함된다. 어업자원 관리 및 회복을 위한 제도의 도입 및 시행으로 인해 어업자원이 다소 회복된 것으로 나타났다. 특히 통킹만의 경우 자원밀도가 다소 증가하는 추세를 보여 1990년대 초반의 자원량에 맞먹는 수준에 도달하였으며, 자원밀도 또한 최적화 수준의 2/3까지 회복하였다. 그러나 이러한 관리수단의 도입과 시행에도 불구하고 어업자원은 지속적으로 감소되고 어업문제는 근본적으로 해결되지 않았다. 관련 통계자료에 따르면 어획량 중의 60-70%가 저가어종에 속하며, 대부분

경제성 어종이 고갈되었다. 발해해역의 경우 주요 어종과 꽃게, 새우, 패류 등 지역 특산 수산물이 심각히 감퇴하였다.[3]

어업자원의 지속적 감소에는 여러 가지 원인들이 있겠지만 가장 큰 이유는 어업법제도 및 관리문제 등의 원인이라고 생각한다. 한편 학계에서는 자원 감소의 중요한 요인이 무분별한 남획이라고 주장한다. 즉 어획실적 및 어선의 톤수 등 어획능력이 어업자원 회복능력을 초과함으로써 자원량이 지속적으로 감소하고 최근에는 어업자원의 심각한 감퇴로 인해 주요 어종은 어기(漁汛)를 형성하지 못하고 있다. 이와 관련하여 법률제정 시 자원회복 및 자원관리에 관한 고려가 부족한 탓에 자원회복 정책이 효율적으로 추진되지 못했다는 지적도 있다. 예컨대 어업허가제도 또는 어획량 "제로증가"제도를 도입할 시 기존의 자원량 및 어획능력에 대한 정확한 진단을 바탕으로 제도를 설계하여야 하나 데이터 파악의 어려움으로 인해 자원 및 어업관리수단 및 정책에 시행착오를 겪게 되었다고 한다. 민둥어장(閩東漁場)의 경우 어장 자원량은 630,807톤이고, 최대지속적생산량(Maximum Sustainable Yield, MSY)은 326,800톤으로 추정되나 1994년부터 2002년까지 실제로 어획한 연간 평균 어획량은 426,700톤인바 수년간 최대지속적생산량을 초과한 것으로 나타나고 있다. 이와 같이 실제 자원량, 최대지속적생산량 등 과학적 데이터를 바탕으로 하지 않은 어업자원 관리정책 및 제도는 어업자원 관리에 부정적인 영향을 미치고 궁극적으로는 자원고갈을 가속화한다고 비판하고 있다.[4]

이러한 문제점은 중국을 제외한 기타 국가에서도 나타나고 있다. 미국의 경우 주요 어종의 1/3이 남획되고 있고, 전 세계 범위의 25-30%의 어종이 남획되고 있으며, 40%의 어종이 과잉 이용 또는 남획상태이며 어업생산량도 지속적으로 감소하고 있다.[5] 즉 인류는 법률이 허용하고 있는 범위 내에서

---

[3] 郭敏, 修复生物资源, 建设鱼虾和谐家园──山东省实施渔业资源修复行动的理论, 实践与创新, 中国水产, 2007年第6期.
[4] 林法玲, 闽东渔场鱼类资源生态容量和最大可持续开发量, 海洋渔业, 2004年第2期.
[5] 赵淑江, 海洋渔业对海洋生态系统的影响, 海洋开发与管理, 2006年第3期.

과도한 어획과 남획을 함으로써 어업자원을 지속적으로 훼손하고 있다는 사실을 인식해야 한다.

나아가 전 세계적으로 볼 때, 유엔해양법협약 발효 이후 중국정부는 공동관심사항인 해양생물자원의 보존과 합리적인 이용을 도모하고 해상에서의 정상적인 조업질서를 유지하며, 어업분야에서 상호협력을 강화하기 위한 목적으로 한국, 일본, 베트남 등 주변국들과 양자어업협정을 체결하였다. 이에는 "한중어업협정", "중일어업협정", "중국 베트남 어업협정" 등이 포함된다. 그러나 어업협정 체결 시 당사국들은 1990년대 입어규모 현황을 기준으로 입어규모를 확정하였으며, 어업협정 체결로 인해 전통적인 어업수역의 축소로 어업생산이 감소되고, 잠정조치수역에서 어획활동을 하던 어선과 어민들이 연근해로 몰려들면서 과잉어획과 남획을 초래하게 되었다.

또 하나의 문제점으로 지적되는 것은 기존의 어업법은 어업자원의 관리보다는 어업자원의 개발·이용에 초점을 두고 있다는 것이다. 어업법에서 어획량 및 어획노력을 엄격히 제한하고 자원회복을 위한 조치를 시행하고 있으나 어업자원 고갈의 문제는 여전히 해결될 기미를 보이지 않고 있다. 게다가 전 세계적으로 대부분 국가의 어업자원은 남획상태에 있으며, 자원의 지속적인 감소 내지 고갈문제를 겪고 있는바, 연근해 어업자원 관리수단 및 정책의 문제점을 해결하기 위해서는 기존의 법률을 개정하여 수산자원 회복에 효과적으로 대응해야 할 것이다.

어업자원회복이란 자원상태가 최대지속적생산량 이하 수준일 경우 이를 최대지속적생산량 수준으로 증대시키는 것으로 남획상태에 있는 어종의 자원량을 일정 기간 내에 정해진 목표 자원량 수준으로 회복시키기 위한 종합적인 계획을 말한다. 기존의 어업법에서도 자원회복에 관한 내용을 포함하고 있으나 자원감소를 효과적으로 예방할 수 있을 만큼 효과적이지 않다.[6] 중국의

---

6) 田其云, 海洋渔业资源恢复法律制度研究——兼论浙江海洋渔业资源恢复法制建设, 海洋出版社2010年版, 第22—26页.

경우에도 장기간 남획으로 인해 어업자원이 고갈되고 해양생물자원 구조의 변화가 나타나고 먹이사슬의 상위단계에 있는 고가어종이 심각하게 감퇴됨에 따라 어업생태계가 타격을 받고 있다. 이유인즉 어업에 이용되는 어업자원은 해양생태계의 한 부분이고 많은 종들은 서로 먹고 먹히는 관계에 있거나 또는 서로 경쟁하는 관계에 있다. 따라서 어업자원회복계획을 수립함에 있어서 가장 효과적인 방법은 우선 어업생태계 또는 생태계 구조의 변화를 파악하고 감퇴한 어종 즉 고가어종, 먹이사슬 상위 단계에 위치한 어종을 방류함으로써 생태계 구조를 건전하게 하고, 어업자원을 회복해야 한다. 즉 중국 어업이 직면한 어려움을 극복하기 위해서는 감소한 어업자원의 회복을 통한 어업생산성 확대가 우선되어야 한다. 단 어업자원 회복정책을 수립하기에 앞서 어업여건과 대상어종의 특성을 충분히 고려하여 대책을 수립하여야 할 것이다. 자원회복 방법도 어업자원의 이용을 규제함과 동시에 인공어초, 종묘방류 등 방법을 통한 어업자원의 인위적 조성도 포함되어야 한다.

III. 어업자원 종묘방류에 관한 정책 및 법률

종묘방류는 어업자원회복정책 중에서 가장 효과적인 수단으로 세계 각국에서는 적극적으로 추진하고 있다. 일찍이 1956년 6월 중국, 구소련, 북한, 베트남 4개국은 "태평양서부 어업연구 위원회(太平洋西部漁業硏究委員會)"를 설립하였으며, 1858년 제3차 회의에서 중국, 구소련, 북한 3국이 공동으로 "두만강유역 어업자원 공동 보전에 관한 건의"를 제안하였으며, 1962년 중국 정부 종전 수산부는 두만강 하류유역에 위치한 훈춘시 주변 유역에 연어(大麻哈魚) 방류장을 지정하여 연어의 인공번식에 관한 시험연구를 수행함으로써 두만강유역에서부터 동해까지의 연어 종묘방류를 통한 자원관리 국제협력사업을 추진했다.7) 중국은 1960년대에 연어 종묘방류 및 증식에 관한 시험연구

수행을 시작으로 1970년대에 들어서 전국 연안지역에 위치한 지방정부들은 어업자원 종묘방류사업을 적극 추진하였다. 예컨대 발해, 황해에서는 참새우(对虾) 방류, 흑룡강성에서는 연어 종묘방류, 복건성 동오양(东吾洋)에서 참새우 방류, 관정양(官井洋) 부세 방류사업을 체계적으로 추진해왔다.[8] 이처럼 중국의 어업자원회복정책은 지역별, 대상어종별 특성을 파악하여 어업자원을 회복시키기 위한 일련의 계획을 수행해 왔다.

산동성은 1984년부터 종묘방류를 통한 어업자원회복을 추진해왔는데, 국내 최초로 참새우를 대상으로 종묘방류사업을 실시하였으며, 현재는 참새우 그리고 일본 참새우, 갑오징어(乌贼), 꽃게 등 4개 어종, 문합(文蛤), 바지락(杂色蛤), 해삼, 전복, 가리비, 아하(牙虾), 꽃게 등 패류로 대상어종을 확대함으로써 경제적·사회적·생태적 이익을 얻었다.[9]

절강성은 1998년부터 부세를 대상으로 종묘방류사업을 실시하였는데, 1998년부터 2002년까지 녕파 상산항(宁波象山港) 및 항구 주변해역에 부세 종묘 383.3만 마리를 방류하였으며, 그 중 1.5만 마리에 대해 식별표지를 부착하였다. 2003년에는 218.5만 마리, 2004년에는 163.6만 마리를 방류하고 그 중 1만 마리에 대해 식별표지를 부착하였다. 2005년에는 215.8만 마리를 방류하고 그 중 163.6만 마리에 대해 식별표지를 부착하였다. 이처럼 8년간 총 981.2만 마리의 부세종묘를 방류하였으며, 지방정부에서 방류에 필요한 재원 1,000만 위안을 투자하였다.[10] 절강성 정부의 지속적인 노력 하에 부세 자원량이 다소 증가하는 추세를 보였고 어획량 또한 지속적으로 증가하고 있다.

어업자원 종묘방류에 관한 세부 규정은 어업법 제4장 어업자원의 증식 및 보호, 해양환경보호법 제3장 해양생태 보전, 어업자원의 증식 및 보호에 관한

---

[7] 唐育民, 图们江的渔业资源增殖, 中国渔业经济研究, 1995年第1期.
[8] 林光纪, 海洋增殖渔业的生态学探讨, 中国海洋学会2005年学术年会论文汇编, 中国海洋学会, 2005年9月.
[9] 鹿叔锌, 增殖渔业是渔业可持续发展的重要途径和举措, 齐鲁渔业, 2007年第9期.
[10] 林月明, 浙江象山港大黄鱼增殖放流的回顾与总结, 科学养鱼, 2006年第6期.

장절에서 찾아볼 수 있다. 전술한 법률은 어업자원의 증식 및 보호 사업 담당자, 기술개발 연구진, 어민, 지방정부 등 다양한 주체에 대한 권리와 의무, 책임 등에 대한 규정을 둠으로써 효율적인 어업자원관리체제의 구축을 위한 법제도적 장치를 마련하였다.

어업자원 종묘방류에 관한 정책에는 어업자원 종묘방류사업의 관리를 위한 방류기술표준 및 통계시스템에 관한 내용과 종묘방류계획의 수립, 승인, 회계감사, 종묘검역 및 방류과정에 대한 감시제도의 도입을 통해 종묘방류사업을 규범화하고 그 성과에 대한 평가를 추진함으로써 평가결과를 다시 환류하는 시스템을 마련하고자 한다. 그밖에 농업부는 어업자원 증식방류사업 실행 규범(漁業資源增殖放流工作規範)을 마련하여 각 지방정부의 어업행정주관부서에서 주관하는 어업자원 증식방류사업 실시를 위한 지침을 제공하고 있는데, 어업자원 현황, 수질환경 특성, 지역별 어업 특성, 어선감척에 따른 어업종사자의 전업 현황 등 다양한 요인을 종합적으로 고려하여 지역별 어업자원회복을 위한 관리수단을 확정하고 지역별 특성에 맞는 어종, 어장, 양식 방법 등으로 고려하여 종묘방류 수단과 기법을 확정하였다.

증식방류사업의 지침규정에 따르면, 종묘방류에 적합한 어장은 어선감척이 대폭 이루어진 해역, 어업자원이 심각하게 감퇴한 해역을 우선하여 방류대상 지역으로 선정하고, 방류 대상어종은 현지 고유종 또는 수정란에서 인공부화시킨 제2세대(완전양식) 종묘를 방류하는 것을 원칙으로 한다. 이에 따라 방류대상 해역에 교잡(杂交) 종묘 또는 유전자 변형 수산생물(LMO) 및 외래종 종묘를 방류해서는 아니 된다. 아울러 일정 비율의 방류 종묘에 대해 적당한 부위에 각종 표지를 장착한 다음 수역으로 방류하는 표지방류 방법을 택하여 방류한 어류의 크기, 연령, 연월일, 수량, 위치나 재포획된 지점, 연월일이나 재포획 수량 등으로부터 자원의 계균(系群), 회유경로, 회유속도, 분포범위, 성장도, 포획률, 사망률, 잔존률 또는 방류효과에 대해 분석한다.[11] 농업부 동해구 어정어항감독관리국(农业部东海区渔政渔港监督管理局)은 어업자원 종묘방류사업을 규범화하고 종묘방류의 효율성 제고를 위해 "동해구 인공증식 방류기술지침(东海区人工增殖放流技术操作手册)"을 마련하였다.[12]

어업자원 종묘방류의 효율성 제고를 위해서는 방류량에 대한 과학적인 자원조사에 근거한 목표설정이 필요하다. 정부는 대부분의 종묘방류 대상어종에 대해 정기적으로 일정한 수량을 방류하고 있으나 방류량과 어획량은 완전히 비례하지 않으며 방류량이 일정 규모를 초과한 시점부터 어획량은 오히려 줄어든다. 이로부터 알 수 있는바 어업자원 종묘방류 등 어업자원회복정책의 실효성 제고를 위해서는 과학적인 자원조사에 근거한 방류규모 및 목표를 설정하여야 하며 이와 동시에 수산생물 서식지 조성 및 관리 강화를 위해 산란·보육장 조성 및 자원조성 해역에 대한 사후관리를 통해 생태계 환경을 개선해야 나가야 한다. 또한 방류어종의 경제성 향상, 수산생물의 먹이사슬 및 생태계구조 복구, 어종수량 및 자원밀도 유지, 수질 개선 등을 통한 자원회복조치도 필요하다. 일부 학자들은 주요어종 종묘방류와 함께 그들의 먹이로 어린 저서생물도 같이 방류함으로써 어업자원 증식의 효율성을 제고하고 생태계 구조를 개선해야 한다고 주장하였다.[13]

아울러 어업자원 종묘방류의 실효성 제고를 위해서는 수산생물 서식지 조성 및 관리 강화를 위해 산란·보육장 조성 및 자원조성 해역에 대한 사후관리가 필요하며, 재포획 시점과 재포획 수량에 대한 목표설정이 필요하다. 이에 따라 방류군의 성장관리, 자연사망관리, 어획관리 등 다양한 요인을 분석하여 재포획 시점과 재포획 수량을 설정하여야 한다. 이로부터 알 수 있는바 가입증가량만큼 어획하는 것이 아니라 성장과 자연사망을 고려하여 자원량에서 가입량을 뺀 만큼 어획량 목표를 설정하는 것이 자원량 일정유지에 유리하다. 자원량과 증가량 간에 나타나는 관계는 포물선으로 나타난다.[14]

---

11) 海洋捕捞渔民转产转业项目渔业资源增殖放流工作规范(试行), 农业部2005年1月26日.
12) 关于印发 2005年度东海区人工增殖放流暨技术培训工作会议纪要 的通知, 东海政字[2005]第64号.
13) 陈亚瞿, 长江口生态修复工程底栖动物群落的增殖放流及效果评估, 渔业现代化, 2007年第2期.
14) 安树升, 海洋增殖渔业的科学研究和管理, 水产科学, 2001年第6期.

중국 북황해 해역에서 참새우 종묘방류사업은 국내외 성공사례로 평가받고 있다. 본 종묘방류사업은 정책결정기관(정부 관리부처), 과학기술연구기관, 어민 등 이해관계자가 공동으로 참여하고 협력하여 큰 성과를 거두게 되었다. 여기서 정부부처는 의사결정, 정책수립을 통해 결정적인 영향을 미쳤으며, 연구기관은 종묘방류에 관한 과학적인 분석과 목표설정을 위한 근거를 제공하고, 어민들은 종묘방류사업의 생산자이자 수익자로서 정책 및 지침에 따라 조업활동을 진행하였다.15) 나아가 종묘방류사업을 포함하는 어업자원회복체계의 효율적인 운영을 위해서 종묘방류사업에 대한 과학적 조사, 목표설정 등 계획수립이 필요한 반면에 종묘방류사업과 지역별 어업발전계획, 어업자원 조성 및 보호에 관한 관리정책 및 수단 사이의 연계성이 필요하다. 결론적으로는 어업자원 조성을 위해서 종묘방류기술에 대한 연구를 강화하고, 관련 연구기관의 역할분담을 통한 체계적이고 과학적 어업자원 조사 및 평가를 위한 협력체계를 구축하여야 하며, 종묘방류 등 자원조성에 관한 정책 추진을 위한 법적근거를 보완함으로써 생태적·경제적·사회적 이익을 창출하여야 한다.16)

그러나 어업자원 종묘방류사업의 지속적인 운영에 있어서 무엇보다도 중요한 것은 예산확보라고 할 수 있다. 그렇다면 종묘방류사업에 필요한 비용은 어떻게 조달되어야 하며, 누가 부담해야하는지가 궁금하다. 어민은 어업자원 회복, 종묘방류사업의 직접적 수혜자로서 어업자원 및 어업관리비용을 부담하여야 할 것이나, 어민이 부담할 경우 종묘방류사업에 대해 통계하고 이를 정책적으로 활용하는 데는 한계가 있다. 따라서 중국의 경우 이용은 어업인의 몫인 반면에 어업자원 관리와 종묘방류사업의 예산은 중앙정부와 지방정부에서 부담하여 왔다. 최근 일부학자들은 어업자원 회복 및 자원보존과 관리에 필요한 소요예산을 국비와 지방비 외의 민간융자를 통해 확보할 필요성이 있으며,

---

15) 刘海映, 关于发展增殖渔业的讨论, 水产科学, 2000年第1期.
16) 张秀梅, 山东省渔业资源增殖放流现状与展望, 中国渔业经济, 2009年第2期.

연안해역을 이용하고 있는 사업체에 어업자원 보상금을 징수함으로써 종묘방류 어종을 단계적으로 확대하여야 한다고 주장하였다. 어업자원 증식 및 조성에 필요한 예산을 확보하기 위해 어업법에서 어업자원증식보호비(渔业资源增殖保护费)를 규정하고 있는데, 법규정에 따르면 현급 이상 인민정부의 어업행정주관부서는 어업자원 조성의 수혜자인 기업과 개인에게 어업자원증식보호비를 징수할 수 있으며, 관련 비용은 어업자원의 증식 및 보호에 사용된다. 아울러 1989년 1월 1일 국무원은 농업부, 재정부, 국가물가국(国家物价局)에서 공동으로 제정한 "어업자원증식보호비 징수사용방법"을 승인하였으며, 관할해역 내에서 자연 성장하거나 인공 증식한 수생생물을 어획하는 기업 또는 개인에 대해 어업자원증식보호비를 징수할 수 있는 법적 근거를 마련하였다.

어업자원증식보호비는 어업자원의 증식 및 보호를 위한 사업에 사용되는데 아래 4가지 유형이 포함된다. 첫째, 종묘 구입 및 종묘육성에 필요한 시설 및 장비 구입, 내수 및 연근해 인공어초, 산란어소 등 시설 유지·보수비용이 포함된다. 둘째, 특정 어종을 보호하기 위해 어선감척사업으로 인해 어업종사자에게 지급할 전업지원금 등 자금을 차용한 경우 금액을 상환하기 위해 사용할 경우가 포함된다. 셋째, 어업자원 증식에 관한 연구과제 예산이 포함된다. 넷째, 어업자원 증식보호 관리수단을 개선하고 조사 및 모니터링에 필요한 예산이 포함된다.

어업자원증식보호비의 징수기준은 아래와 같다. 일반 어업자원비용의 징수기준은 지난 3년간 평균 어획생산액의 1%~3%이다. 2012년 12월 재정부, 국가발전개혁위원회는 "일부 행정사업성비용 징수 취소 및 면제에 관한 통지(关于公布取消和免征部分行政事业性收费的通知)"를 발표하여 황해, 발해, 동중국해, 남중국해에서 어업자원증식보호비 징수를 취소하였다. 나아가 2013년 1월 1일부터 농업부의 승인을 득한 어선톤수(마력) 600마력 이상 어선에 대한 어업허가증과 현급인민정부의 승인을 득한 어선톤수(마력) 600마력 이하 어선에 대한 어업허가증에 대한 어업자원증식보호비를 현급이상 어업행정주관부처에서 일괄적으로 징수하도록 권한을 지방정부로 이양하였다. 2014년 12월 23일에는 "일부 행정수수료 징수의 취소, 정지, 면제에 관한 재정부 및 국가개발개혁위원회 통지"를 제정하여, 2015년 1월 1일부터 개인사업자를 포함한 영세기업에 대해 어업자원증식보호비를 면제한다고 규정하였다.

어업자원보호비제도의 도입 및 시행은 황해, 발해, 동중국, 남중국해 등 관할해역 어업자원의 보전을 위한 예산확보에 긍정적인 역할을 하였다. 특히 어업자원보호비는 어업인들의 책임 강화를 위한 실질적 정책으로 어업자원의 이용자가 어업자원 관리비용을 부담하고 자율적 자원관리를 적극적으로 실현할 수 있는 현실적 대안으로 제도의 개선과 보완이 필요하다고 생각된다. 앞으로 어업자원보호비용 징수기준을 보다 세분화하고 체계화하기 위해 "어구유형 및 명칭, 코드(渔具分类, 命名及代号)", "어획활동에 사용되는 표준어구 및 어망크기, 체장제한제도에 관한 농업부 통지(农业部关于实施海洋捕捞准用渔具和过渡渔具最小网目尺寸制度的通告)"등 관련 규정에 근거하여 어구와 작업유형에 따른 다양한 기준을 마련해 나가야 할 것이다. 또한 어업자원 및 생태계에 심각한 훼손을 초래하는 저인망(拖网), 안강망(张网) 등 어구를 활용한 어로작업에 대한 비용징수기준을 상향 조절함으로써 어업자원회복 및 관리에 드는 비용을 이용자 또는 어업자원 파괴를 초래한 자가 부담하도록 한다.

나아가 어업자원 이용자행위에 부과되는 조세를 적극 도입해야 한다. 기존의 어업자원보호비제도와 조세제도를 병행함으로써 수자원세(水资源税) 등 관련 자원세제의 운영 경험과 노하우를 참고하여 중국의 어업자원세제도의 도입을 위한 이론적 고찰을 통해 도입 가능성과 그 경제적 효과성에 대해 분석함으로써 어업자원 조세제도 도입을 위한 실행방안을 모색해야 한다.

Ⅳ. 어업자원의 인위적 조성사업에 관한 정책 및 법률

통계자료에 따르면 세계 해양의 1%를 차지하는 상승류(上升流)해역에서 어획하는 생산량이 전체 어획량의 50%를 차지한다. 따라서 인위적으로 바다에서 아래쪽의 물 위로 올라가는 흐름을 만들어 바다 아래쪽의 영양염을 위로 올라가게 함으로써 수산량을 회복하는 방법이야 말로 가장 효과적인 수단이라고 주장하였다.[17] 1991년 이탈리아 "마리노 21세기 포럼(马里诺21世纪论坛)"은 일본수산청의 지원을 받아 해양 층류에서의 수문학적 실험을 수행하였으며, 1995년 일본 시코쿠 북서부에 있는 에히메 현(爱媛县), 우와해(宇和海)에서 "인공 상승류 발생지정 공정"에 관한 실험을 진행하였고, 그 결과 상승류로 인해 부유식물과 부유동물, 어류 등이 증가하게 되었으며 어획량도 증가하게 되었다는 사실을 증명하게 되었다.

현재 세계의 많은 국가들은 연근해 해역에 인공어초를 투입하여 해양 상승류를 조성하고 어업자원을 적극 회복하고 있다.[18] 인공어초시설사업이란 폐어선, 콘크리트, 강철, 폐타이어 등을 이용하여 인공적인 구조물을 만들어 바다 속에 시설을 설치하여 어업자원의 서식장, 산란장 및 치어 성육장을 제공함으로써 황폐화된 어장의 생산성을 제고하고 자원을 증강시킬 수 있다.[19] 실제로 일본은 1960년대부터 인공어초시설사업을 국가계획에 포함시켜 실시하였으며, 40여 년 동안 지속적인 노력을 통해 약 1조 3,705억원을 투자하여 약 인공어초 5,000여 개소를 설치하였으며, 이로 인해 연근해 어획량도 지속적으로 증가하였다. 연근해에 설치한 인공어초의 가장 중요한 기능은 유용어류의 집어라고 할 수 있는데, 일본은 인공어초시설사업을 통해 연근해 어획량은 1970년대 470만 톤에서 현재 789만 톤까지 증가하였으며, 해역별 평균 자원량은 중국의 14배에 달한다. 미국의 인공어초시설사업은 해양생태계에

---

17) 苏纪兰, 海洋科学和海洋工程技术, 山东教育出版社1998版, 第40—91页.
18) 杨吝, 人工鱼礁的起源和历史, 现代渔业信息, 2005年第12期.
19) 关于印发 浙江省人工鱼礁建设操作技术规程(试行) 的通知, 浙海渔政[2004]22号.

기반한 자원관리방식으로서 낚시관광객 유치와 결합한 해양산업으로서 각광받고 있다. 미국의 경우 매년 5,400만 명에 달하며, 매년 인공어초에서 어획한 생산량이 140만 톤에 달하는데 이는 미국 총 어획량의 35%에 달한다. 2006년 5월 17일 미국정부는 멕시코만 주변해역에서 은퇴한 허리케인 항공모함에 폭약을 터뜨려 64m 아래의 바닥에 닿게하였으며, 해저에서도 항공모함이 원형을 유지하도록 고정장치를 설치하였으며, 해저의 항모는 앞으로 명소가 되어 낚시꾼과 다이버들을 끌어들이는 역할을 하였다.[20] 중국의 인공어초시설사업은 1979년에 시작되었는데, 광서쫭족자치구(广西壮族自治区) 수산국(水产局)이 국내 최초로 방성리(防城里) 연근해에 26개 인공어초를 투입하였다. 1981년 광동성과 산동성에서 인공어초 개발이 이루어지면서 시험 어초시설이 시작되었다. 1983년 12월부터 중앙정부는 인공어초시설사업에 대한 계획을 수립하여 추진하게 되었으며, 1984년 전국 범위 내에서 인공어초시설사업을 추진하였다.[21] 이에 따라 연근해에 위치한 일부 지방정부를 대상으로 28개의 시험 어초시설이 건설되었으며 총 31,600여 개소의 어초가 투입되었다. 2003년 8월 강소성 연운항(连云港) 해역에서 인공 해양 상승류 공정(人造海洋涌升流工程)을 활용한 어초군(鱼礁群)을 설치하였는데 복수의 단위어초를 서로 고려하여 어초어장을 조성하였다. 어초군의 구성은 대상해역에 있어서의 자원량, 해역의 환경특성, 조업 및 조업어선의 수용척수 등을 고려하여 정한다. 시험결과에 따르면 강소성 연운항 어초어장의 경우 해양 상승류를 활용한 어초어장은 서식장의 증대, 먹이환경의 조성이 도모되어 자원의 증가를 촉진하는데 효과적이며, 다양한 어종이 서식하게 되고, 어업자원의 체장과 크기가 타 해역에 비교하여 크게 나타났으며, 육질도 상대적으로 좋게 나타났다고 한다.[22] 난지열도(南麂列岛) 인공어초어장의 경우 해조류 등 부착생물

---

20) 王伟定, 浙江省休闲生态型人工鱼礁建设现状与展望, 浙江海洋学院学报(自然科学版), 2007年 第1期.
21) 李怡群, 河北省人工鱼礁发展现状及对策探讨, 河北渔业, 2012年第7期.
22) 李怡群, 河北省人工鱼礁发展现状及对策探讨, 河北渔业, 2012年第7期.

이 전체 표면에 착생하여 적정 연안 어장환경을 조성하였으며, 생물량이 2,842.5g/m²이고, 밀도는 3,125 개/m²이다. 부유생물, 미생물 등이 잘 정착되어 치어의 성장에 필요한 풍부한 먹이를 제공하며 자원량의 증대로 인해 매일 어초어장에서 장어 등 어종 수십 킬로그램을 어획할 수 있다.[23] 예컨대 부유식물 87종으로 생물량이 많으며, 저서생물은 인공어초시설 설치 전의 38종에서 86종까지 증가하였으며, 갑각류, 연체류, 다모류(多毛类) 등 어종도 대폭 증가하였다.[24] 최근에는 생태계에 기반한 자원관리방식으로의 인식전환이 점차 강조되고 있으며, 생태계에 기반한 어업자원 회복수단인 인공어초시설사업은 법제도의 개정에서도 반영되고 있다.[25]

중국 기존의 해양 및 수산업에 관한 법률, 즉 어업법과 해양환경보호법에서 인공어초에 관한 법규정이 있으나 내용이 원칙적이고 실효성이 떨어진다. 인공어초시설사업을 추진하고자 할 경우 해양, 환경보호, 어업, 해사, 군부대 등 관련 행정부처의 허가를 받아야하나 관련 절차규정이 미비하다.[26] 또한 인공어초시설사업 관리규범, 어업자원 조성 및 합리적인 개발·이용, 인공어초시설에 대한 종합개발 및 이용 등에 관한 명문의 규정이 없다.[27] 앞에서 언급한바와 같이 중국의 어업생산량은 점차 감소하고 있으며 어획물의 구조를 나타내는 영양단계도 점차 감소하고 있다. 또한 주변해역은 무분별한 남획으로 인해 자원량이 크게 줄어들고 연안오염, 생태계의 변화로 인해 연근해의 어업생산량은 저하된 상태이다. 이러한 상황에서 인공어초시설사업을 통해 해양환경 및 생태계를 복원하고 어업자원의 재생능력을 향상하기 위해서는

---

[23] 李冠成, 人工鱼礁对渔业资源和海洋生态环境的影响及相关技术研究, 海洋学研究, 2007年第3期.
[24] 王伟定, 浙江省休闲生态型人工鱼礁建设现状与展望, 浙江海洋学院学报(自然科学版), 2007年第1期.
[25] 田其云, 海洋渔业资源恢复法律制度研究——兼论浙江海洋渔业资源恢复法制建设, 海洋出版社2010年版, 第144页.
[26] 杨吝, 我国人工鱼礁的发展和建议, 水产科技, 2007年第3期.
[27] 王宏, 人工鱼礁对渔业资源增殖的影响, 广东农业科学, 2009年第8期.

정부의 책임이 강화되어야 하며, 인공어초시설사업의 효과적인 운영을 위해서는 적어도 다음과 같은 정부차원의 노력이 이루어져야 할 것이다.

첫째, 인공어초시설사업에 대한 정부예산 지원이다. 인공어초시설 건설 및 관리에 필요한 정부예산을 확보하기 위해 정부예산 지출에 인공어초시설사업 예산을 포함시켜야 한다. 또한 인공어초시설사업을 위한 특별 예산(专项基金)을 확보함으로써 인공어초시설의 원활한 운영을 보장해야 한다. 특별 예산은 국제 또는 국내 어업자원 보전 및 어업자원회복에 관한 지원금 또는 보조금을 활용할 수 있으며, 중앙정부에서 지방정부의 인공어초시설사업을 지원하는 방법으로 확보할 수 있다.

둘째, 정부의 정책성 융자제도를 적극 활용하여야 한다. 정책성 융자제도란 정부가 재정신용을 담보로 직접 또는 간접적으로 자금을 조달하는 제도로서 국채, 정부우대대출, 정책성 은행이 각 금융기관을 대상으로 발행하는 금융증권 등이 포함된다. 특히 공공성이 높은 인공어초시설사업은 정부가 국가채권을 발행하거나 개발은행, 중국농업은행 등 정책성 은행에 자금을 조달하는 방법으로 재원을 확보할 수 있다.28)

셋째, 어업자원 이용에 관한 세수확보 및 어업자원관리에 대한 세제감면 등 지원정책이 필요하다. 인공어초시설사업의 효율성 제고를 위해 경제적 유인제도의 도입이 필요하며 민간투자자들에 대한 재정적 지원과 우대정책을 통해 적극적인 참여를 유도하여야 한다. 이에는 ① 변동세율, 세금 감면이 있다. 세율우대 정책은 간접적인 재정지원정책으로서의 역할도 한다.29) ② 재정보조금제도이다. 인공어초시설사업에 필요한 재원을 어선감척에 따른 어민 전업지원금 등 관련 재원의 일부를 활용하는 방법이다. ③ 저금리대출제도이다. 국가는 관련 정책을 시행함과 동시에 인공어초시설사업을 지원하기 위한 융자환경을 개선해나가고 민간투자자에게 저금리대출상품을 지원하고 필

---

28) 杨仕兵, 公共物品供给法律制度研究, 中国检查出版社2009年版, 第118—119页.
29) 刘秀丽, 我国生态环境保护的财税政策研究, 现代财经, 2003年第2期.

요시 정부에서 기타 산업에 비교하여 우선 대출할 수 있는 정부정책을 마련하는 것이다.30)

넷째, 다양한 이해관계자가 참여하는 개방형 인공어초어장을 추진함으로써 정부외의 기타 참여자들에게 경영・관리권(经营管理权)을 부여한다. 개인, 기업체 등 민간단체가 인공어초시설사업에 참여하게 함으로써 참여주체의 다양성을 확보한다. 개인과 기업체는 인공어초시설사업에 관한 기술적인 제한으로 인해 인공어초시설사업에 대한 투자와 참여를 고민하고 있는 경우가 많으며, 투자규모가 큰데 비해 당장 수익을 내지 못하는 문제점이 있다. 이러한 문제점을 해결하기 위해서 정부는 다양한 정책지원과 수익을 보장하기 위한 법제도적 장치를 마련하여야 할 것이다. 실제로 광동성, 산동성, 하북성 등 연안지역에 위한 지방정부는 인공어초시설에 대한 경영권을 부여함으로써 투자자들의 이익을 보장하고 있다. 즉 인공어초시설에 대한 경영권 그리고 관리권한을 민간투자자들에게 부여하고 정부는 인공어초시설의 사후관리, 어업규제와 불법어업 등에 대한 감시업무를 수행함으로써 민간투자자들의 경영권을 보장하고, 효율적인 운영을 확보한다. 이러한 제도운영의 안정적인 장치를 통해 민간투자자들은 어업자원관리 및 회복을 통해 수익을 확보할 수 있고, 궁극적으로는 생태계 복원, 어업자원의 복원, 생산량 증대의 목표를 실현할 수 있다.

다섯째, 인공어초 기초연구 확대 및 예산지원 강화이다. 인공어초시설사업에 대한 기초연구 강화를 통해 인공어초시설사업의 효율성을 제고한다. 인공어초시설사업에 관한 연구는 해역생태학, 지질학, 해양물리학, 화학, 생물학 등 다양한 연구가 종합적으로 이루어져야 하며, 인공어초 투하 장소의 선정, 어초 재료 및 형태의 선정, 종묘방류 어종 및 수량에 대한 정확한 조사와 과학적인 분석을 기반으로 하는바 관련 분야의 기초연구에 대한 적극적인 지원을

---

30) 柴寿升, 美日休闲渔业的发展模式对我国休闲渔业发展的启示, 中国海洋大学学报(社会科学版), 2007年第1期.

통해 핵심기술을 개발하고, 해양과학의 기술개발 역량을 강화함으로써 인공어초시설사업 추진에 필요한 전문가를 양성해야한다.

아울러 정부주도하에 인공어초 기술을 바탕으로 하는 바다목장사업을 추진함으로써 특정 해역에서 계획적이고 체계적으로 어업자원을 조성하고 관리하여야 한다. 즉 연안어장을 만드는 바다목장은 인공어초 등 구조물을 투하해 해역별 특성과 생태계를 고려한 어류 산란장, 서식장을 조성하여 해양생태계를 복원하고 오염된 해양환경을 개선하는 것이다.[31] 최근 산동성 연태시(烟台市)는 폐어선, 콘크리트 재료의 인공어초를 투석하여 장도(长岛), 지부(芝罘), 무평(牟平), 해양(海阳) 등 4개 곳의 주변해역에 인공어초시설사업을 추진하여 1,000h㎡에 달하는 인공어초어장을 형성하였으며 533h㎡에 달하는 해저삼림(海底森林)을 조성하였는데, 이는 어업자원 증강, 어획생산력 증대, 어업인의 소득증대를 가져왔다. 또한 인공어초어장 조성으로 인해 다양한 해양생물이 모여들었고 자원량도 현저히 증가하였는데, 어류의 경우 인공어초시설사업 추진 전의 5종에서 28종으로 증가하고 자원 밀도는 0.48kg/㎡에서 52kg/㎡로 증가하였다.[32]

최근에는 도서 주변해역에서 도서 생태계 및 해역별 특성을 고려하여 인공어초시설을 건설하였는데 이는 도서생태계 복원, 어업자원 회복에 효과적이어서 많은 관심을 받고 있다. 자연상태의 도서 생태계에 기반한 자원관리방식은 전통적 바다목장 건설에서 현대화 바다목장 건설로의 발전을 의미하고 있다.[33]

그러나 바다목장 관리에 대한 법률이 미비한 상황이고 어업규제 관련 행정과 법집행 행정에 필요한 인력이 부족한 문제점을 알고 있다. 첫째, 바다목장 관리에 관한 입법이 필요하며 어업자원의 보전 및 관리제도를 개선하고 바다목장의 개발·이용·관리에 관한 규범을 명확히 할 필요가 있다. 둘째, 바다목장

---

31) 刘舜斌, 建设海洋牧场是舟山渔业的新希望, 海洋开发与管理, 2008年第2期.
32) 姜作真, 建设人工鱼礁, 保护和增殖海洋渔业资源, 水产科技情报, 2006年第2期.
33) 李植斌, 浙江省海岛区资源特征与开发研究──以舟山群岛为例, 自然资源学报, 1997年第2期.

관리업무를 어업규제에 관한 법집행 업무에 포함시켜야 하며 이에 필요한 어업규제 법집행 인력을 확대해야 한다. 또한 전문인력 양성을 위한 교육과 훈련이 필요하며 법집행에 필요한 무력과 장비 지원을 확대함으로써 법집행의 신속성과 효율성을 확보해야 한다.

끝으로 인공어초시설사업의 원활한 운영을 위해서는 인공어초시설의 투하와 사후관리, 어업규제 등에 관한 사항을 규정하는 전문적인 법률이 필요하며 인공어초시설 기술규범의 제정을 통해 관련 사업을 체계적으로 관리할 필요성이 있다. 예컨대 절강성의 경우 지방정부에서 인공어초시설사업의 과학적·체계적인 시행을 위해 해역별 특성을 조사하고 이를 바탕으로 "절강성 인공어초건설사업 기술규범 시행(浙江省人工魚礁建設操作技術規程(试行))"을 마련하여 해역별 자연현황, 인공어초 투하 장소의 선정, 단위어초 모형 설계, 효과평가, 기초연구, 종묘방류 등에 관한 내용과 기술지침을 구체적으로 규정하여 인공어초시설사업을 지도하고 있다.

참고문헌

[1] 陈新军著,《渔业资源可持续利用评价理论和方法》,中国农业出版社2004年版.

[2] 陈新军等,论渔业资源的可持续利用,《资源科学》2001年第2期.

[3] 郭敏等,修复生物资源,建设鱼虾和谐家园——山东省实施渔业资源修复行动的理论,实践与创新,《中国水产》2007年第6期.

[4] 林法玲,闽东渔场鱼类资源生态容量和最大可持续开发量,《海洋渔业》2004年第2期.

[5] 赵淑江等,海洋渔业对海洋生态系统的影响,《海洋开发与管理》2006年第3期.

[6] 田其云等,《海洋渔业资源恢复法律制度研究—兼论浙江海洋渔业资源恢复法制建设》,海洋出版社2010年版.

[7] 唐育民等,图们江的渔业资源增殖,《中国渔业经济研究》1995年第1期.

[8] 林光纪,海洋增殖渔业的生态学探讨,载《中国海洋学会2005年学术年会论文汇编》,中国海洋学会,2005年9月.

[9] 鹿叔锌等,增殖渔业是渔业可持续发展的重要途径和举措,《齐鲁渔业》2007年第9期.

[10] 林月明,浙江象山港大黄鱼增殖放流的回顾与总结,《科学养鱼》2006年第6期.

[11] 陈亚瞿等,长江口生态修复工程底栖动物群落的增殖放流及效果评估,《渔业现代化》2007年第2期.

[12] 安树升等,海洋增殖渔业的科学研究和管理,《水产科学》2001年第6期.

[13] 刘海映等,关于发展增殖渔业的讨论,《水产科学》2000年第1期.

[14] 张秀梅等,山东省渔业资源增殖放流现状与展望,《中国渔业经济》2009年第2期.

[15] 岳冬冬等, 中国海洋渔业资源增殖保护费调整历程与完善对策：基于山东省, 浙江省案例, 《中国农学通报》2017年第32期.

[16] 苏纪兰, 《海洋科学和海洋工程技术》, 山东教育出版社1998版.

[17] 参见杨吝等, 人工鱼礁的起源和历史, 《现代渔业信息》2005年第12期.

[18] 王伟定等, 浙江省休闲生态型人工鱼礁建设现状与展望, 《浙江海洋学院学报(自然科学版)》 2007年第1期.

[19] 李怡群等, 河北省人工鱼礁发展现状及对策探讨, 《河北渔业》2012年第7期.

[20] 李冠成, 人工鱼礁对渔业资源和海洋生态环境的影响及相关技术研究, 《海洋学研究》 2007年第3期.

[21] 王伟定等, 浙江省休闲生态型人工鱼礁建设现状与展望, 《浙江海洋学院学报(自然科学版)》 2007年第1期.

[22] 杨吝, 我国人工鱼礁的发展和建议, 《水产科技》2007年第3期.

[23] 王宏等, 人工鱼礁对渔业资源增殖的影响, 《广东农业科学》2009年第8期.

[24] 杨仕兵, 《公共物品供给法律制度研究》, 中国检查出版社2009年版.

[25] 刘秀丽, 我国生态环境保护的财税政策研究, 《现代财经》2003年第2期.

[26] 柴寿升等, 美·日休闲渔业的发展模式对我国休闲渔业发展的启示, 《中国海洋大学 学报(社会科学版)》2007年第1期.

[27] 刘舜斌, 建设海洋牧场是舟山渔业的新希望, 《海洋开发与管理》2008年第2期.

[28] 姜作真等, 建设人工鱼礁, 保护和增殖海洋渔业资源, 《水产科技情报》 2006年 第2期.

[29] 李植斌, 浙江省海岛区资源特征与开发研究：以舟山群岛为例, 《自然资源学报》 1997年 第2期.

환항해 지역경제협력과 수산자원관리

09

북한의 해양수산양식 현황 및 북중협력

杨大佐(Yang Dazuo), 金银焕(Jin Yinhuan)

북한의 해양수산양식 현황 및 북중협력

杨大佐(Yang Dazuo*), 金银焕(Jin Yinhuan**)

국문초록

수산업은 농업과 함께 국민의 중요한 식량산업으로서 동물성 단백질 공급원 역할을 해왔다. 북한은 에너지와 식량자원의 절대 부족에 따른 빈곤문제, 식량난 문제를 안고 있을 뿐만 아니라 연근해 수산자원의 고갈, 어선의 노후화, 어구 및 자재 부족으로 인해 어선어업이 어려움을 겪고 있다. 이러한 문제점을 해결하기 위해 북한은 양식업을 어선어업 및 수산물 가공업과 함께 3대 중요부문으로 인식하여 정책적 노력을 기울여 왔다. 그러나 실제로 기반시설, 사료 및 자재 부족으로 해수면 양식, 수산물의 육상 수조식(해수) 양식은 많이 행해지지 않은 것으로 추정되고 있으며, 겨울이 길고 기온과 수온이 낮은 관계로 온수성 어류 보다는 냉수성 어류에 대한 양식을 중점으로 진행하고 있다. 본 연구는 북한의 수산업에 대한 현황과 수산물 양식산업 현황에 대해 소개하고, 수산부문의 북중협력과 양식기술 교류 및 투자현황에 대해 살펴보고 향후 수산부문의 북중협력 전망에 대해 분석하고자 한다.

키워드: 북한 수산업, 수산 양식업, 북중 협력, 민간투자

---

* 대련해양대학교 해양생물자원학과 교수, 해양생물학 박사.
** 한국해양과학기술원 해양정책연구소 전문연구원, 법학박사.

I. 들어가면서

북한의 수산업은 양식난 해결과 외화벌이의 사업수단으로 중요한 역할을 하고 있다. 특히 2013년부터 수산업의 중요성은 증대되어 당과 내각의 '15년 주요 업무'로 채택되었고, 수산사업소 현장지도가 증대되고 수사부문 열성자 회의를 개최하였으며, 김정은 위원장은 2014년 신년사를 통해 수산물 생산량 증대를 주요 사업으로 언급하였다. 관련 수산정책으로는 ① 2013년 12월군 수산부문 열성장 회의를 개최하여 '물고기 잡이 목표 설정' 및 목표 실현을 위한 총 공격전을 개시하였고, ② 2014년 '물고기잡이 전투 시작' ③ 2015년 당과 내각의 주요과업으로 선정하여 수산부문 투자 및 지원을 증대하는 정책이 포함된다.1) 북한정부의 적극적인 지원과 독려에 힘입어 수산물 생산량이 증가하였는데, 2014년에는 84만 톤, 2015년에는 83만 톤, 2016년에는 103만 톤으로 증가하였다. 아울러 양식업에 대한 투자와 지원을 확대하고, 양식 전문 기술원을 양성하고 있는 것으로 조사되고 있다. 본 연구는 북한의 수산업에 대한 현황과 수산물 양식업 현황에 대해 소개하고, 수산부문의 북중협력과 양식기술 교류 및 투자현황에 대해 살펴봄으로써 향후 전망에 대해 분석하고자 한다.

그러나 북한의 수산물 생산량 및 양어, 양식장과 관련된 정보와 자료는 국가기밀로 다루어지고 있는바 정확한 실태 파악이 어려운 실정이다. 본 연구는 북한이 양식업 실태와 기술에 관해서 FAO 관련 통계와 중국 측이 보유하고 있는 북한 수산관련 문헌 또는 보도 자료를 중심으로 파악하였다.

---

1) 이유진, 최근 북한의 수산업 동향과 정책방향 연구, KDB산업은행 북한이슈, 82-83쪽.

II. 북한의 수산업 현황

1. 어장환경

  북한은 한반도 북쪽에 위치해 있으며, 동쪽은 러시아와 북쪽은 중국과 인접해 있다. 북한의 관할해역은 동해와 서해로 분리되어 있으며, 해안선의 길이는 2,987km이다.[2] 서해는 수심이 얕고 굴곡이 많고 만곡지형을 이루고 있으며 크고 작은 섬이 많은 반면에 동해안은 대륙붕의 폭이 좁고 해안선이 단조로우며 섬이 적다. 서해안의 평균 수심은 44m이며, 최대수심은 80m인 반면에, 동해안은 조석간만의 차이가 평균 50m이내 수준이며 평균수심은 1,700m이다.

  북한 동해는 한류와 난류가 만나는 지역으로 물고기들의 먹이가 풍부하고 난류성 어족과 한류성 어족이 만나는 좋은 어장으로 서해에 비해 어업자원이 월등히 풍부하고 어획량이 많다고 한다. 동해안의 대표적 어종은 명태이며, 오징어, 꽁치, 멸치, 정어리 등은 회유성 어족으로 봄여름에 북상하여 가을겨울에 남하하면서 어장을 형성한다.[3] 서해안의 주요 어종은 대구, 갈치, 삼치, 전어, 도미류, 가자미, 홍어 등의 고가의 어종과 김, 미역 등 해조류가 있고, 바지락, 굴, 새조개 등 패류도 서식하고 있다.

2. 자원이용 현황

  북한 수산 현황에 관한 문헌을 살펴보면, 해양 수산동식물이 530여종이고 내수면 동식물이 120여종으로 총 650종에 달한다. 이중에서 어업의 대상이 되고 있는 유용성 수산동식물은 어류 75종, 패류 20종, 해조류 15종, 기타 10여종으로 총 120종이 있다.[4]

---

[2] 李芳芳, 冷传慧, 朝鲜半岛周边渔业资源及经济合作现状, 世界农业2008年第10期(总354期), 第54页.
[3] 홍성걸, 임경희, 북한 수산업 실태와 남북협력사업 발전방안, 한국해양수산개발원 기본연구 보고서 2002년 11월, 13쪽.
[4] 홍성걸, 임경희, 앞의 저서, 17쪽.

북한의 수산물 생산량은 1987년 203만 톤을 기록한 뒤 생산량이 지속적으로 하락하였다. 1990년대 수산물 생산량은 100만 톤에서 150만 톤을 유지하였으나 1997년부터 어획량이 급격히 하락하기 시작하였다. 이로 인해 1997년부터 2015년까지 약 20년간 어획 총 생산량은 1,368만 톤으로 연평균 어획량이 72만 톤에 그쳤다. 특히 1996년 어획량은 103만 톤에서 1997년에 72만 톤으로 하락하였다. 어획량이 급격하게 하락한 이유는 경제사정의 악화로 인해 유류 및 어업자재가 부족하였기 때문이다. 그러나 2014년부터 다소 증가하는 추세를 보이고 있다. 2014년에는 84만 톤, 2015년에는 83만 톤, 2016년에는 103만 톤으로 증가하였다. 어선어업 생산량의 감소를 만회하기 위해 양어와 양식업을 육성하지만 아직 1990년대 초반의 절반 수준밖에 회복하지 못했다. 또한 북한은 연근해어업에 주로 의존하고 있고 어획량의 상당부분을 차지하던 명태와 정어리의 자원이 감소하였으며, 중국어선의 싹쓸이 어업으로 오징어자원이 대폭 감소하였다.

해역별 어획량을 살펴보면, 동해안 어획량이 서해안에 비교하여 월등히 많다. 동해안 어획량은 총 어획량의 83.2%를 차지하고 서해안은 총 어획량의 16.8%를 차지한다.

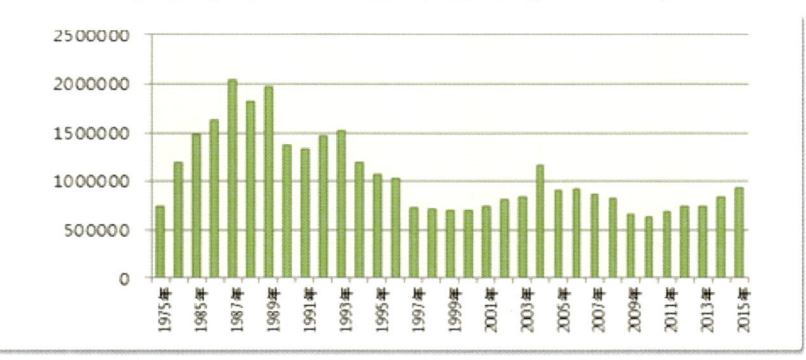

[그림-2] 북한의 어선어업 어획량 변화(1975-2016)

출처: 대한민국 통계청, '북한 어업통계 자료'

III. 북한 수산물 양식업 현황

1. 생산 동향

북한의 양식어업 품종에는 해조류, 패류, 어류, 기타 수산동물, 갑각류가 있다. 2016년 기준 양식생산량은 총 557.5천 톤이다. 그중 해조류 생산량은 489천 톤이고, 어류생산량은 68.2천 톤이다. "FAO 2018년 세계 어업 및 수산물 양식업 현황"보고서에서 북한의 양식 생산량 자료와 정보의 미비로 일부 생산량에 대한 통계수치는 비워둔 상태이다. 천해양식어업 생산량은 해조류가 489천 톤으로 전체 양식생산량의 89%를 차지하며, 어류와 패류 및 기타 수산동물의 양식생산량은 전체 양식 생산량의 약 10%를 차지한다.

"FAO 2018년 세계 어업 및 수산물 양식업 현황"보고서에 따르면, 2010년부터 2016년 7년간 북한의 해조류 평균 생산량은 463.28천 톤이며, 2014년에는 489천 톤을 기록해 최고치에 달했다.[5] 2015년과 2016년의 해조류 양식 생산량에 대한 정보와 자료 공개가 없어 2014년을 기준으로 예측한 수치를 적용하였다. 이처럼 양식생산량의 90%가 천해양식어업 생산으로 대부분 해면에서 생산되고 있으며, 주요 양식품종은 미역, 다시마, 김 등 해조류이다. 최근 7년간 해조류 양식생산량은 평균 0.9%의 성장률을 보이고 있으며, 어류와 기타 수산물 양식생산량에 대한 통계자료가 부족하여 이에 대한 판단과 추측이 어려운 상황이다.

[표-1] 중국, 한국, 북한의 주요 해조류 양식 생산량

(단위 : 천 톤)

국가	2005	2010	2011	2012	2013	2014	2015	2016	비중
북한	444	444	444	444	444	489	489	489	1.6%
한국	621	902	992	1,022	1,131	1,087	1,197	1,351	4.5%
중국	9,446	10,995	11,477	12,752	13,479	13,241	13,835	14,387	47.9%

출처: FAO 2018년 세계어업 및 수산물 양식 현황, 25쪽.

---

[5] FAO, 2018년 세계 어업 및 수산물 양식업 현황, 25쪽.

2. 양식여건 및 기술 현황

양식장 환경의 온도에 따라 수산생물은 체온이 변한다. 따라서 온도에 따라 온수성과 냉수성, 열대성으로 나눌 수 있다. 북한은 한국에 비해 상대적으로 겨울이 길고 수온의 연교차가 크기 때문에 송어, 연어 등 냉수성 어류를 양식하고 있다. 아래에서는 북한 서해안과 동해안의 양식품종에 대해 살펴보도록 한다.

북한의 서해안은 해안선이 길고 복잡하며 패류 양식에 적합한 갯벌이 풍부하다. 따라서 갯벌에서 생산되는 바지락이나 토종 굴 등의 바닥식 양식어업이 가능하다. 이는 수면의 바닥을 이용하거나 바닥에 투석시설을 설치하여 양식하는 어업을 말한다. 양식패류 품종에는 바지락, 굴, 소라, 맛 조개가 있다. 최근에는 중국시장 수요에 따라 가리비, 해삼, 전복 양식을 확대하고 있는데, 주로 압록강 하구에서 남포까지의 연안양식장에서는 바지락, 맛조개, 해파리 등 품종을 양식하고 있으며, 남포에서 장원까지의 연안양식장에서 해삼 가두리 양식을 추진하고, 장원에서 옹진까지의 연안양식장에서 바지락과 맛 조개를 양식하고 있다. 그밖에 해조류 양식도 가능한 것으로 알고 있다. 이처럼 해역별 양식품종을 달리 규정하고 있는 것은 양식장의 환경요인을 고려한 것도 있으나 계획경제체제하에서 지역별 특성화 양식을 추진하고 있기 때문이다.

북한의 동해는 한해수역이기 때문에 냉수성 어종인 연어, 송어 등을 양식하고 있다. 가장 전망이 큰 어종은 연어로 중국의 기술을 지원받아 연어 가두리 양식을 추진하고 있다. 그밖에 구이덕, 바지락 등 패류 양식과 다시마, 미역 등 해조류 양식도 추진하고 있다. 특히 동해안에 위치한 함경북도는 북한의 주요 양식기지로 양식생산량이 북한 총 양식생산량의 25%를 차지한다. 함경북도 어대진, 성진, 사포에서는 다시마를 대규모 양식하고 있고, 강원도 문천에서는 굴양식을, 강원도 고저와 장금에서는 미역을 대규모 양식하고 있다. 북한의 동해 청정해역에서 양식된 해조류는 품질이 양호하여 유망한 양식품종으로 인정받고 있다.

이처럼 북한의 양식기술 수준은 여러 가지 상황으로 보아 중국, 한국과 비교하여 상당히 낮은 것으로 판단된다. 중국과 한국은 국내외 환경여건 및 기후변화에 능동적으로 대처할 수 있도록 자연재해 대비, 질병관리 및 대응기술 개발에 집중하고 있는 반면에, 북한은 여전히 1990년대 양식장수준 회복을 목표로 양식장 투자를 증대하고 있고 양식 어종도 다양하지 못하다.[6] 북한의 현실적 여건을 볼 때 유류 및 양식자재, 사료 부족으로 인해 인공사료를 공급하지 않고 자연에서 생산되는 천연사료를 먹여서 기르는 조방적 양식을 활발히 추진하고 있다. 주요 양식품종에는 김, 미역, 다시마 등의 해조류와 바지락, 굴 등의 패류가 있으며, 최근에는 연어 등 어류 양식도 적극 추진하고 있다.

III. 수산부문 북중협력

1. 북한산 수산물의 반입현황

2017년 8월 14일, 중국 상무부 세관총서는 유엔 안전보장 이사회 결의 제2371호에 따라 북한 수산물 수입을 전면 금지한다는 공고를 발표하였다. 이는 2017년 7월 화성 14호 시험발사에 대한 비군사적 제재결의로서 북한의 석탄과 수산물의 전면 수출 금지 등을 내용으로 한 새 대북제재 결의안으로 만장일치로 채택되었다. 금지품목인 수산물에는 어류, 갑각류, 연체동물, 기타 수생동물 및 그 가공제품이 포함된다. 유엔 안전보장 이사회 대북제제로 인해 2018년 북중 무역거래는 48.2%가 감소하였다.

주지하는 바와 같이 북한무역에 있어서 가장 큰 비중을 차지하고 있는 중국과의 무역이 북한 경제와 외화벌이에 있어 핵심적인 영향을 미치고 있다. 이번 북한 수산물 수출금지로 인해 북한 경제는 큰 타격을 받았을 것으로 추정된다.

---

[6] 홍성걸, 임경희, 북한 수산업 실태와 남북협력사업 발전방안, 한국해양수산개발원 기본연구 보고서, 2002년 11월, 25쪽.

그러나 2018년 김정은 위원장의 중국 방문을 계기로 북중관계가 완화되었으며, 북중 무역거래가 회복되기 시작하였고 2019년 중국 시진핑 국가주석이 평양방문 이후 북중 무역거래가 더욱 활발히 진행되고 있다. 중국 상무부 25일 보도 자료에 의하면 2019년 상반기 북중무역 규모는 2017년 상반기에 비교하여 14.3% 증가하여 12.5억 달러를 기록하였다고 한다. 중국의 북한 수출은 15.5% 증가하여 11.4억 달러이고, 북한으로부터의 반입은 3.2% 증가하여 1.1억 달러이다. 아래에서는 북한의 대중국 수출상품구조와 특징에 대해 살펴보도록 한다. 1998년부터 2004년 기간의 대중국 수출상품 중 수산물과 아연, 연, 철강 등 비금속류, 석탄 등 광물성 생산품이 튼 비중을 차지한다. 그 중에서도 가장 큰 비중을 차지하는 품목은 수산물로서 2001년부터 수출품목에서 차지하는 비중이 급격히 증가하여 2004년에는 44.9%로 절반을 차지하고 있다.7) 수산물 중에서도 오징어 수출이 대폭 증가하였는데 2014년에는 6.8만 톤까지 증가하여 2013년에 비해 24.7% 증가하였다.

[표-2] 중국의 북한 상품 반입 현황

(단위: 백만 달러)

수출품목	2010년	2012년	2013년	2014년
석탄	390.2	1205.7	1384.5	1132.2
철광석	194.9	249.1	298.4	221.9
방식 및 제품	190.3	453.1	298.4	756.7
수산물	59.6	100.6	601.8	143.3
총액	1192.9	2501.2	2924.1	2841.4

출처: 중국세관통계(2010-2014)

---

7) 이영훈, 북중무역의 현황과 북한경제제 미치는 영향, 한국은행 금융경제연구원 연구보고서, 11쪽.

2. 양식기술 교류 및 지원

북한은 수산물 생산에 대한 정책의지가 확고하기 때문에 수산계 대학과 수산관련 연구소를 중심으로 양식기술을 개발하고 전문연구인력을 지속적으로 육성하고 있다. 북한은 국내 연구진의 지속적인 양식기술 개발을 추진함과 동시에 FAO의 식량안보 강화를 위한 수산물 양식체계 개선사업에 참여함으로써 중국의 기술지원을 지속적으로 받고 있다.

중국은 최근 10년간 북한 양식전문가에 대한 기술지원 및 교육 프로그램을 지속적으로 추진하여 왔다. 이에는 다음과 같은 몇 가지 프로그램이 있다. ①중국 양식전문가 북한 연어 양식장 현장 견학 및 기술지도, ②중국수산과학연구원 담수어업 전문가 북한 방문 및 기술 교육 시행, ③중국수산과학연구원 북한 기술자 대상으로 양식기술교육 실시, ④중국 흑룡강성수산과학연구소, 냉수성 어종양식기술 국제교육 프로그램 개최 등이 포함된다. 그밖에도 2009년 중국수산과학연구원 황해수산연구소에서 FAO의 지원을 받아 5명의 북한 양식기술 전문가를 대상으로 "해수어류 양식에 관한 교육훈련"을 시행한 경험도 있다. 이에 관한 자세한 내용은 아래와 같다.

1) 중국 양식전문가 북한 연어 양식장 현장 견학 및 기술지도

2017년 북한은 함경북도 청진 앞 바다에 대서양 연어 바다 양식장을 새로이 건설하였다. 현장 견학을 다녀온 중국 양식전문가 및 업체 대표들은 북한 연어 양식장은 수준 높은 부화실, 치어사육장, 가공공장을 비롯한 생산시설과 문화시설을 완비하였으며 양식장 위생관리와 안전관리가 잘 이루어지고 있다고 높이 평가하였다.

또한 북한 양식 대서양 연어는 단백질이 풍부하고 맛이 좋을 뿐만 아니라 성장속도가 빨라 수산양식의 대표적 어종으로 인기가 많다고 한다. 연어는 대표적인 냉수성 어종으로 북한 해역에서의 양식이 용이하며, 일본 초밥에 주로 사용된다. 청진연어양어사업소 외에도 함경북도 군부대 산하 낙산바다연어양어사업소, 석막 대서양연어 어종장 준공·운영 중에 있다.

김정은 위원장은 연어양식업에 대해 각별한 관심을 가지고 있으며, 수차례 양어장을 방문하여 업무를 지시한바 있다. 김정은 위원장은 연어양식에 있어서 특히 수질관리가 중요한 요인으로 작용하기 때문에 양어장 주변 수역의 수온, 산소량, 환경 등에 대해 상시 모니터링 하는 종합 수질 측정 장치를 설치하고 정기적 수질검사를 진행하도록 지시하였다. 아울러 연안 가두리양식장의 운영에 의한 수질환경오염을 사전에 방지하고, 외국의 선진기술을 적극 도입하여 연어양식의 규모화와 산업화를 촉진하고, 청정바다와 생태계 보존을 실현할 것을 요구하였다.

2) 중국수산과학연구원 담수어업 전문가 북한 방문 및 기술 교육 시행

중국수산과학연구원 담수어업연구센터는 유엔 식량농업기구 FAO의 요청에 따라 2017년 5월 13일부터 27일까지 2주간 북한에서 "잉어과 종묘육성 및 번식", "내수면 가두리 양식" 등에 대한 기술지원을 시행하였다. 중국수산과학연구원 담수어업연구센터 장청펑(张成锋) 실장, 수생생물연구실 슈둥퍼(徐东坡) 부실장은 FAO 어업양식분야 국제고문의 자격으로 FAO의 지원 요청에 따라 북한을 직접 방문하여 양식장 실태 점검 및 양식기술 전수하였다.

이와 관련해 장청펑, 슈둥퍼 등 2명의 전문가는 2015년에 설치된 대동강 가두리 양식장(이동식그물우리양어장)을 방문하여 가두리 설치 및 배치, 종묘 방류 등 기술적인 부분에 대해 전문적 의견을 주었다. 또한 대동강 가두리 양식장 방문에 이어 북한의 대외어업경제합작국(朝鲜对外渔业经济合作局), 양어국(养鱼局)의 실무 담당자와 만나 양식기술에 관한 다양한 분야에 걸친 논의를 갖게 되었으며, 북한 대외어업경제합작국 및 양어국 담당자와 함께 지난해 4월 26일부터 5월 7일까지 북한 내 2곳의 수산종묘 배양장을 방문해 북한의 초어, 잉어, 연어, 흑연 등 민물고기 인공종묘 생산기술 실태를 점검하고, 양어장의 암·수 모체 보존과 종묘생산 실태를 파악하고, 현재 자연환경 및 기술여건에 부합하는 인공종묘생산시설을 설계하였다.

북한 평천어장은 잉어과 수산종묘 배양장으로 연간 300만 마리를 생산할 수 있으나 FAO 주관 TCP 프로젝트 수행으로 인해 양식용 수산종묘의 연간 생산량은 약 2,000만 마리로 증가하였으며, 수산종묘 배양 및 가두리 양식기술의 발전에 크게 기여할 것으로 기대된다.

3) 중국수산과학연구원 북한 기술자 대상으로 양식기술교육 실시

중국수산과학연구원 담수어업연구센터는 2016년 5월 10일부터 25일까지 2주 동안 북경에서 "북한 잉어과 종묘생산 및 가두리 양식기술 교육"을 실시하였다. 이번 교육은 북한 어업부(漁業部) 및 FAO 북한 대표처 어업담당공무원 4명이 참석하였다. 이번 교육은 중국수산과학연구원이 주관해 중국 어업전문가를 모시고 "잉어과 종묘생산과 가두리양식기술"이라는 주제로 특강을 실시했으며, 농업부 태래어(罗非鱼, Tilapia mossambica)유전육종센터(农业部罗非鱼遗传育种中心), 우찐무공해양식기지(武进无公害养殖基地), 쑤저우미래종묘장(苏州未来苗种场), 쑤저우오강동태호, 가두리양식장(苏州吴江东太湖围网养殖区), 정창그룹사료공장(正昌集团饲料厂), 보응호가두리양식장(宝应湖网箱养殖区) 등 6곳의 양식기지, 사료공장 및 양식장을 방문하였다.

이번 교육과정을 통해 북한 양식기술 전문가들은 중국의 수산종묘 배양기술, 종묘장 설계, 양식생산에 관한 생산·관리체계, 가두리 제작 및 사후관리 등에 대해 이해하게 되었다. 북한 양식 전문가들은 중국의 어업양식기술이 실용적이고 투자 금액이 적고 효율성이 높다고 평가하였다. 나아가 향후 중국과의 지속적인 교류협력을 강화하여 북한 어업양식의 신속한 발전을 실현하도록 노력할 것을 밝혔다.

중국수산과학연구원은 북한 전문가들의 요구에 따라 양식기술교육 자료집과 잉어 및 붕어 종묘 2,000 마리를 북한에 기증하여 시범양식하고 이를 보급함으로써 북한 양식기술수준의 향상과 수산양식품종의 다양화를 위해 기여하였다.

4) 중국 흑룡강성수산과학연구소, 냉수성 어종양식기술 국제교육 프로그램 개최

중국수산과학연구원 흑룡강성수산연구소는 2014년 10월 10일부터 1주일간 하얼빈에서 "과학기술부 개발도상국 냉수성 어업양식기술교육 프로그램(科技部发展中国家冷水性鱼类养殖技术培训班)"을 실시하였다. 이번 교육 훈련 프로그램은 인도, 이란, 몽고, 스리랑카, 리투아니아, 술탄, 타지키스탄, 북한 등 9개 국가의 17명의 양식기술 전문가가 참여하였으며, 특강 및 현장실사, 세미나 등의 형태로 진행되었다. 교육 내용에는 중국의 냉수성 어종의 어미사육, 인공번식, 종묘배양, 질병예방, 영양사료, 양식 기반시설 구축방법 등이 포함된다.

3. 민간투자사업의 추진사례

2017년 9월 18일, 중국 상무부는 유엔안전보장이사회결의 2375호 제18조에서 규정하는 의무사항을 이행하기 위해 중국 기업 및 개인이 북한에 투자·설립한 합자기업 또는 합작기업은 2017년 9월 12일 결의안 시행일로부터 120일 이내에 폐업할 것을 공고하여야 하였다. 대북투자 기업 및 개인의 철수에 대한 업무는 지역별 상무주관부서와 공상행정부서에서 책임진다.[8] 중국 외교부 기자회견 시 중국기업의 철수 현황에 대한 질문에 대해 외교부 대변인은 자세한 진행상황은 알 수 없으나 중국은 유엔안전보장이사회결의를 이행하기 위해 노력하고 있다고 답변하였다. 중국 인터넷 포털사이트 및 수산무역 관련 사이트의 보도 내용에 따르면 대북투자 중국기업의 안전한 철수를 위해

---

[8] 2017년 9월 28일 중국 상무부, 공상총국 유엔 안전보장이사회 제2375호 결의안 이행에 따른 대북투자기업 폐업 공고(商务部工商总局关于执行联合国安理会第2375号决议关闭涉朝企业的公告) 참고.

정부에서 지원하고 있으며, 북한수산물 반입금지로 인해 북중접경지역 수산물 가공업체 및 무역업체에서 큰 타격을 입었다는 내용을 확인할 수 있다.

그러나 2018년 김정은 위원장 중국방문이 있은 뒤로 소원해졌던 북중 관계가 다시 정상화 단계로 접어들었다. 중국정부는 기업 및 개인의 대북투자를 승인하게 되었고, 상무부 산하 기관은 북한 투자기업, 지방정부 상무국 공무원, 연구기관, 법률사무소 직원들을 대상으로 북한 진출을 위한 방문단을 구성하여 평양 및 청진항, 나진항 등 지역을 방문하였다. 아쉬운 점은 북한정세의 불안정, 지속적인 핵 실험 등으로 인해 중국기업의 투자가 활발히 이루어지고 있지 않다. 이처럼 중국의 수산양식 및 원양어업기업은 북한 해역의 입어권 및 수산종묘 양식에 대한 높은 관심을 가지고 있으나 실질적인 투자를 고민하고 있는 관계로 정상적인 협력이 이루어지고 있지 않고 있다. 아래에서는 2017년 이전에 이루어진 민간투자사업에 대해 간략히 소개하도록 한다.

첫째는 대련 와방점시 해삼협회의 북한 해삼양식업 진출사례이다. 연근해 해양오염, 고밀도 양식으로 인해 해삼양식 생산량이 감소하기 시작했고, 기후온난화로 인해 해삼 집단폐사 사건이 발생하기도 하였다. 이러한 문제점을 인식하여 2012년 대련시 해삼협회는 북한 청정해역에서의 해삼양식 및 종묘 배양에 대한 관심이 확대되기 시작하였고, 국내 해삼수요를 만족시키기 위해 북한 해삼양식업 진출 필요성이 제기되었다. 이에 앞서 2009년 단동시 해삼양식업체에서 북한에서의 해삼종묘 배양을 위한 양식업 진출사례가 있었다. 단동시 해삼양식업체가 북한해역에서 해삼종묘 배양사업에 성공하자 북한측의 관심을 받게 되었고, 북한 수산관련 고위 관계자가 대련 와방점시 해삼협회를 3차례 방문하여 대북투자를 요청하게 되었다. 1년의 협상 끝에 와방점시 해삼협회 소속의 20여개 양식기업이 북한 동해안과 서해안의 2.4만 무에 달하는 연안해역에서 해삼양식 및 종묘 배양사업을 추진하는데 합의하였다.[9]

---

9) Qu jiayi, 대련 20여개 양식기업 북한해역에서의 해삼양식업 진출, 수산양식망, 2012년 12월 20일 기사, http://www.shuichan.cc/news_view-115640.html(최종방문 2019.10.10)

이번 진출사례는 영세한 어업인들이 북한해역에서 양식장을 경영하는 방법이 아닌 해삼협회 주도로 20여개 해삼양식업자들이 공동으로 진출하는 방법을 취하였다. 또한 해삼협회와 와방점시 농업부가 주도하여 시작되었고, 이들이 양식업체를 대표하여 북한 관련 행정기관과 협의하고 투자기업에 대한 우대정책, 투자 안정성 확보, 양식 해삼의 반출, 통관절차 등에 대한 정책적 지원을 받아내기 위해 노력하였다. 그러나 2017년 이후의 관련 보도 및 기사 내용을 확인할 수 없으며 추진 상황에 대한 확인이 불가하다.

둘째는 수산물 가공형 투자사례이다. 북한은 동해 라선지구와 서해 남포시에 대형 수산물가공기지를 설립하여 운영하고 있다. 수산물가공기지는 주로 넙치, 가자미, 대구, 오징어, 조개 등 냉동어류와 건어물 같은 수산물 가공 및 무역을 하고 있다. 동강시 다성수산상회(东港市达诚水产商行), 단동샹하식품수산유한회사(丹东祥河食品水产有限公司), 단동천청식품유한회사(丹东天程食品有限公司) 북한 서해 남포시에 수산물 가공 및 무역회사를 설립하였다. 전술한 중국 수산물업체는 북한의 무역회사와 합작회사를 설립하여 공동관리 및 공동운영하였는데, 중국 측은 수산물 가공, 해외수출업무를 담당하고, 북한 측은 수산물 어획 또는 매입, 가공 등 업무를 담당하였다. 수산물 가공과 관련하여 중국은 자본금과 설비를 투자하고, 관리직 및 기술직 등 인력을 파견하였으며, 북한 측은 중국기업에서 요구하는 기술수준에 따라 생산하였다. 수산물 가공형 투자사례는 2009년 7월부터 추진되었으며 2017년 유엔 안전보장이사회 결의 이행으로 인해 현재 철수한 상태이다. 단 중국의 수산물 온라인 쇼핑몰에서는 북한산 냉동수산물, 건어물 등이 판매되고 있다.

셋째는 분업기지 구축형 투자사례이다. 길림성의 대북투자에서 나타나고 있는 특징 중 하나는 관련 된 중요 생산 공정 모두 북한으로 가져가지 않고 일부 공정을 북중접경지역의 중국경제개발구 등지에 두는 방식이다. 이는 북한의 열악한 투자환경과 관련하여 투자의 안정성을 증진시키는 조치였다. 2009년 연변성해공무유한회사(延边盛海工贸有限公司), 2010년 훈춘동양

실업유한회사(珲春东扬实业有限公司), 2011년 연태대신훈춘수산유한회사(烟台大辰珲春水产有限公司), 2012년 춘춘동붕공무유한회사(珲春东鹏工贸有限公司), 2013년 훈춘홍호식품공무유한회사(珲春洪昊食品工贸有限公司) 등 수산업계 유력기업이 훈춘국제합작시범구에 입주하게 되었으며, 북한의 라선수산물가공기지 수출무역회사와 공동으로 합작회사를 설립하였다. 그 중 2013년에 훈춘홍호식품공무유한회사와 북한 수채봉수출합작회사는 라선에서 훈춘홍호식품공무유한회사를 설립하였으며, 3개의 수산물가공공장과 1200여 명의 직원을 연간 오징어 냉동제품, 건어물 생산량은 2만 톤에 달한다.10)

IV. 향후 전망

2017년 8월 14일, 중국 상무부 세관총서 유엔 안전보장 이사회 결의 제2371호, 2375호에 따라 북한 수산물 수입을 전면 금지되었고, 대북진출기업이 강제 철수되었다. 그 후 2018년 김정은 위원장의 중국방문으로 인해 소원해졌던 북중 관계가 다시 정상화 되었고, 중국정부는 기업 및 개인의 대북투자를 승인하게 되었다. 그러나 북한정세의 불안정, 지속적인 핵 실험 등으로 인해 중국기업의 투자가 활발히 이루어지고 있지 않다. 특히 북중접경지역인 훈춘국제합작시범구는 북한산 수산물을 대량으로 취급하는 교역센터, 수산물 가공시설, 냉동 창고 설비가 완비되어 있으나 최근에는 북한산 수산물 반입 금지로 인해 수산물 가공 및 냉동 창고가 가동을 멈춘 상태이다.

앞으로 대북제재가 완화되고 북중 수산협력 여건이 조성된다면 북한 수산물의 반입, 가공, 양식업 및 양식기술 지원 등을 중심으로 협력을 확대해 나갈

---

10) 상형파(相恒波), 훈춘홍호식품유한회사 수산가공공장 가동, 중국상무부 홈페이지 2013년 10월 14일 기사내용, https://m.hexun.com/news/2013-10-14/158720215.html(최종방문 2019.11.10).

것으로 예상된다. 아울러 양식기술 교류 및 지원에 관한 경험을 바탕으로 북한 수산양식 전문가들을 대상으로 연어 양식기술, 냉수성 어종양식기술에 대한 교육을 지속적으로 시행함으로써 인적 네트워크를 구축함과 동시에 북한 수산 양식기술의 발전 및 지속가능한 수산 양식업을 영위하는데 기여할 것으로 예상된다.

참고문헌

[1] 김종화, 북한 수산업 현황 및 남북교류 활성화 방안, 충남연구원 현안과제연구, 2019년 4월

[2] 이영훈, 북중무역의 현황과 북한경제제 미치는 영향, 한국은행 금융경제연구원 연구보고서, 2006년 6월

[3] 이유진, 최근 북한의 수산업 동향과 정책방향 연구, KDB산업은행 북한이슈, 2015년

[4] 홍성걸, 북한의 수산업 현황과 남북협력 과제, STRATEGY 21, 통권 제27호, 2011년 3월

[5] 홍성걸, 임경희, 북한 수산업 실태와 남북협력사업 발전방안, 한국해양수산개발원 기본연구 보고서, 2002년 11월

[6] 李芳芳, 冷传慧, "朝鲜半岛周边渔业资源及经济合作现状", 世界农业 2008年 第10期(总354期)

[7] 중국 수산과학연구원 홈페이지

환항해 지역경제협력과 수산자원관리

저 자 소 개

저자소개

양희철 박사

양희철 박사는 현재 한국해양과학기술원 해양정책연구소 소장으로 재직 중이며, 해양경계획정과 해양분쟁, 해양공간계획, 비전통 해양안보와 지역해 협력, 심해저와 공해 등 해양법 현안 문제를 중심으로 활발한 연구활동을 수행하고 있다. 해수부, 외교부, 해양경찰청 등 정부부처의 자문위원, 국가지명위원회 위원, 독도지속가능위원회 실무위원회 위원으로 활동하고 있으며, 국제해저기구 정부대표(법률자문), IHO - ABLOS Hydrographer : Experts in Maritime Boundary Delimitation의 전문가로 참여하고 있고, Journal of International Maritime Safety, Environment Affairs and Shipping (SEAS)과 Ocean and Polar Research의 편집위원이다. 또한 해양환경안전학회, 대한국제법학회, 세계국제법학회, 해양법학회 등 학술단체에서 활발한 활동을 전개하고 있다.

이메일: ceaser@kiost.ac.kr

이문숙 박사

이문숙 박사는 현재 한국해양과학기술원 해양정책연구소 해양공간·환경정책연구실실장으로 재직 중에 있으며 해양과학기술정책, 연안관리 및 해양공간계획, 해양환경정책을 주된 연구분야로 활동하고 있다. 최근에는 해양환경정책 선진화 전략 수립, 해양환경법률 정비 등을 주도적으로 참여하였고, 최근 해양공간계획 및 관리에 관한 법률, 해역이용영향평가법 등의 해양분야 법률 제·개정을 추진하였다. 여러 학문 연계 전공을 통해 공간계획학, 정책학, 기술

관리학의 연구능력을 갖추고 있으며, 해양환경안전학회, 해양정책학회, 해양정치학회 등 대외 학술단체에서 활동하고 있다.

이메일: leems@kiost.ac.kr

郭锐(Guo Rui) 교수

궈루이 교수는 현재 길림대학교 행정대학 국제정치학부에 재직 중이며, 길림성사회과학 중점연구기지 "한반도연구기지" 학술위원, 북경대학교, 복단대학교, 길림대학교, 중산대학교, 재정부재정과학연구소 국가거버넌스혁신센터 연구원, 길림대학교 북한연구소, 한국연구소, 일본연구소 연구원, 연변대학교 한반도연구협동혁신센터 연구원, 국가영토주권 및 해양주권협동혁신센터 겸임연구원, 중국행정관리학회 출판부이사를 역임하여 왔다. 국제공법, 이론경제학을 주된 연구분야로 활동하고 있으며, 북한 김정은 시대의 정치변화, 한반도 정치론, 한국해양안보전략, 연변조선족집거구역 종교 현황 및 발전전망, 동북아 지정학적 관계와 정세변화, 동북아지역의 국제환경변화와 중국 변방전략구상, 동북안 안보 위험 및 중국의 지속가능한 안보전략, 한중해양주권분쟁 및 중국의 대응책, '일대일로'구상과 동북지역 경제개발전략, 동북아 안보위험 평가 및 위험관리, 중국의 동북아전략 및 대책, 동북아 힘의 균형-한국의 지역전략 등에 관한 연구에 주력하고 있다. 현재 중국국제무역학회 도문강 분과위원 이사, 중국조선사연구회 이사, 흑룡강동북아연구회 이사, 길림성정치학회 이사로 학술단체에서 보직을 맡고 있으며, 봉황위성, 신경보, 신화평론에 한반도 정세, 국제관계 현안, 중국외교, 지역전략 등에 관한 전문가평론을 기고함으로써 사회적 영향력을 넓혀가고 있다.

이메일: guorui1025@126.com

禹颖子(Yu Yingzi) 박사

위잉즈 박사는 중국 요녕성 사회과학원 한반도연구센터에 재직 중이며, 대외협력처 처장을 역임하고 있다. 위잉즈 박사는 경제학, 중국과 한반도 경제협력을 주된 연구분야로 연구를 수행하고 있으며, 북중접경지역 경제협력, 환황해권 연안지역 경제발전전략과 지역협력, 요녕성과 북한의 경제협력 등 분야에 관한 다수의 저서와 논문을 발표했다.

이메일: yyz820@hanmail.net

朴文进(Piao Wenjin) 박사

표원진 박사는 현재 산동성 해양경제문화연구원 부연구위원으로 재직 중이며, 산동성 사회과학원 환황해발전연구센터 주임을 역임하고 있다. 한중 어업협정, 해양자원 개발, 해양경계획정, 북극항로 개척, 해상법집행 등 해양법 현안 문제를 중심으로 활발한 연구활동을 수행하고 있다. 그밖에 한국의 해운산업, 한중 해양경제 협력, 중국의 해양강국 건설 및 해상실크로드 전략, 해양생태계 보전, 도서관리 등에도 많은 관심을 보이고 있다. 현재 한중해양경제포럼, 환황해포럼, 한중해양발전포럼, 한중해양협력연구회 등 대외학술 단체에서 활동하고 있다.

이메일: mjpark5188@naver.com

张建伟(Zhan Jianwei) 교수

장젠웨이 교수는 현재 중국의 청도대학교 지질환경·자원학과에 재직 중이며, 연안통합관리, 해양지질학, 수문지질학을 주된 연구분야로 활동하고 있다. 최근에는 중국 국가자연과학기금 지질 및 환경분야의 중점연구과제를 수행하고 있으며, 산동성 국토자원과학기술상, 산동성 지질광물과학기술 진보상을 수상하였고, 연안관리통합관리, 산동반도 블루경제건설에 있어서의 지질환경 적합성 평가, 연안 지질환경 보전 등 다양한 영역에서 논문과 저서를 발표한바 있다.

이메일: 93664399@qq.com

毕相东(Bi Xiangdong) 교수

비상동 교수는 현재 천진농업대학교 수산양식학부에 재직 중이며, 수산양식, 해양생태계 보전, 바다목장을 주된 연구분야로 활동하고 있다. 현재 천진시 "131" 혁신인재, 2016년 "중국 100명 우수 박사후연구연구원", 천진시 소재 대학교 우수 신진교수 등 명예를 받았으며, 천진시 생태기반 수산양식 전문가, 천진시 농업품질안전응급평가위원, 천진시 과학기술과제 평가심의위원으로 활동하고 있다. 대표 연구업적으로는 수조식 양어장의 조류 연구, 미세조류와 해양생태계, 미세조류의 이용기술 등에 관한 논문과 저서를 발표한 바 있다.

이메일: yl801123@aliyun.com

柳学周(Liu Xuezhou) 박사

류쉐저우 박사는 현재 중국수산과학연구원 황해수산연구소에 재직 중이며, 수산양식분야 책임연구원으로 어류번식이론, 양식기술, 증식기술, 양식생태학, 양식모델 및 새로운 품종개발 등을 중심으로 연구를 수행하고 있다. 수년간의 노력을 통해 20여 종의 어류양식 및 증식기술 개발에 성공하였고, 어류의 성장축 및 색소 등에 관한 유전자 생리기능 및 분비조절원리에 관한 연구과제를 수행하여 왔다. 중국수산과학연구원 수산양식 분야의 선도자로서 중국수산과학연구원 학술위원회 이사, 중국수산학회 해양양식분과위원 이사, 중국수산유통 및 가공협회 이사, 중국어업협회 복어분과위원회 이사, 산동성 생태학회 이사, 중국 청도시 고급전문가협회 위원으로 활동하고 있으며, 열대해양학 저널 편집위원을 역임하고 있다.

이메일: liuxz@ysfri.ac.cn

田其云(Tian Qiyun) 교수

텐치윈 교수는 현재 중국해양대학교 법정대학 법학부에 재직 중이며, 환경법, 해양환경법, 에너지법을 주된 연구분야로 활동하고 있다. 최근에는 해양자원의 효율적인 이용·개발 및 보전, 생태복원법, 해양생태복원기술에 관한 법제도, 해양자원 및 해양생태법 등에 관한 연구를 수행해 왔다. 현재 산동성 생태문명연구회 이사, 중국법학회 환경자원법학연구회 이사, 중국해양대학교 해양환경자원법연구센터 부소장을 역임하고 있으며, 중국법학회 환경법학회, 산동성법학회, 에너지학회 등 대외 학술단체에서 활발한 활동을 전개하고 있다.

이메일: tianqiyun@263.net

杨大佐(Yang Dazuo) 교수

양따줘 교수는 현재 대련해양대학교 해양생물자원학부에 재직 중이며, 수산양식학, 생물화학학을 주된 연구분야로 활동하고 있다. 최근에는 해양생물 중 다모류(多毛类)동물자원의 복원 및 생태복원, 해양생물의학, 생태복원사업의 생태적 목표 및 평가기준, 연안복원사업, 다모류 생물의 복원, 해삼양식기술, 해삼양식장 수질환경 보존을 위한 여과시스템 개발에 관한 과제를 중심으로 연구를 수행해 왔다. 중국수산학회 해양목장연구회, 대련시 해양어업협회, 요녕성수산학회 등 대외학술 단체에서 활동하고 있다.

이메일: dzyang1979@hotmail.com

金银焕(Jin Yinhuan) 박사

김은환 박사는 현재 한국해양과학기술원 해양정책연구소에 재직 중이며, 해양환경법, 행정법, 중국 해양정책을 주된 연구분야로 활동하고 있다. 최근에는 해양공간계획 및 관리에 관한 법제도, 황해의 어업자원 보존을 위한 국제협력, 동북아 해양갈등 관리를 통한 남북한 해양정책 수립, 중국 IUU 어업에 대한 국내법적 대응, 한중 해양공간계획의 법제도 비교분석 등에 관한 연구에 주력하고 있다. 한국해양환경안전학회, 한국해양정책학회, 한중법학회, 한국법학회, 한국비교공법학회, 한국해사법학회, 환경법학회, 국제해양법학회 등 대외 학술 단체에서 활동하고 있다.

이메일: jinyinhuan@kiost.ac.kr

환황해 협력 3
환황해 지역경제협력과 수산자원관리

2020년 09월 29일 초판 1쇄 인쇄
2020년 09월 29일 초판 1쇄 발행

편 저	양희철
발 행 처	한국해양과학기술원
	(49111) 부산광역시 영도구 해양로 385 (동삼동 1166)
제 작	㈜비전테크시스템즈
	서울특별시 송파구 위례성대로 16길 27
	02-3432-7132
	admin@visionts.co.kr
출판등록	제2009-000300호

ⓒ 한국해양과학기술원
ISBN 979-11-86184-80-6 93910

값 18,000원